韓国語楽習法

私のハングル修行40年

黒田勝弘

角川新書

はしがき

本書はひたすら韓国語がいかに面白いか、いかに学びやすい外国語であるかを、長年の韓国経験をもとに伝えようとするものである。

筆者は韓国語の専門家ではないが、現地での生活体験から韓国語の面白さにはまっている。そして今なお毎日、首を傾げたり、ヒザを叩《たた》いたりしながら「韓国語の風景」を楽しんでいる。そんな体験を通じて分かった韓国語学習法を読者の皆さんと分かち合いたいと思う。

体験的にいえば韓国語は世界でもっとも日本語に近い外国語である。したがって日本人にはもっとも学びやすい。そして似ているところと似ていないところがあり、その対照が興味深い。これは日本人と韓国人の間のいわゆる「異同感」と似ている。本書は韓国語を通じて韓国人や韓国社会の面白さを紹介するものでもある。

韓国語は日本語と同じく国際的にはマイナーである。しかし意外に使いではある。言語人口では、朝鮮半島の南北を合わせた約7700万人に海外居住者を加えれば8500万人規模になる。それに世界で日中米露という主要国にこれほど多くの同胞を持つ国は韓国しかいない。韓国語の国際ネットワークは広いのだ。今後その使いではさらに広がるだろう。近隣の日本、日本人がそれをほうっておくのはもったいない。経験者として断言するが、韓国語は知的趣向として大いに楽しめる。

＊

筆者が韓国を初めて訪れたのは１９７１年だから半世紀前のことである。途中、１年間の語学留学の後、韓国での記者生活は１９８０年からなので暮らしとしては約40年になる。

これまで韓国ウオッチャーとして多くの著書を書いてきたが、そのなかに韓国語の入門書が二冊ある。いずれも１９８０年代のもので『ハングルはむずかしくない』（１９８５年、文藝春秋刊）と『ハングルはおもしろい』（１９８６年、同）である。後者は後に『ハングルおもしろ講座』（２００２年、徳間文庫）として改訂版が出ている。

韓国語の専門家でもないのになぜそんな本を書いたのか？　いささか大げさな言い方になるが「時の要請」のようなものがあったからだ。それは韓国の変化とも関係している。

「時の要請」というのは１９８８年のソウル・オリンピックである。ソウル五輪に向けて日本では「韓国ブーム」が起きたのだ。その後にヨン様ブームや現在の韓ドラ・Ｋポップブームがあるので、あれは第一次韓国ブームだったと思う。

韓国はソウル五輪を機に大きく変わった。五輪開催の背景には経済発展があった。同時に対外的には対共産圏門戸開放、対内的には民主化が重なり、日本における韓国イメージは一気に好転した。存在感が広がったのである。

当時、韓国から日本向けに発信された観光PRのメッセージは「初めてなのに懐かしい」だった。これはヒット作だった。

ソウル五輪を前に韓国に対する旅行や文化など〝普通の関心〟が高まり、その片隅に韓国語も入った。「韓国を知るため韓国語を知ろう」というわけである。留学体験や常駐記者生活など暮らしを通じ〝普通の韓国〟を知る筆者に、そのお鉢が回ってきたのである。

改訂版が発行された2002年は日韓共同開催の「サッカー・ワールドカップ」の年だった。これも「時の要請」になった。

今、日本では何回目かの韓国ブームだという。過去の歴史を背景にした政治・外交や国民感情における対立、葛藤《かっとう》は「反日VS反韓」として依然、続いている。ある面ではより厳しくなっているが、一方、韓ドラ・Kポップなど文化的趣向から韓国への関心が高まっている。そこに新たな韓国語ブームが加わった。好き嫌いを超え「知ることは力」である。

筆者は、韓ドラはともかくKポップ世代とは別世界の人間だ。あえていえば韓国演歌の懐メロ世代、韓国風にいえば〝トロット世代〟である。

しかしどこの国でも変わったところもあれば、変わらないところもある。直近の韓国では演歌復活の〝トロット・ブーム〟も起きている。これまでの韓国は圧倒的に若者イメージだが、今後の国家トレンドは確実に少子高齢化である。本書は韓国社会、韓国人の雰囲気を、その変化も含め伝えようとするものでもある。

語学専門家ではないため、おそらく独断、偏見、勘違い、誤解……が結構あると思う。筆者の韓国語はいまだ韓国人から「？」とされることも多い。筆者は韓国語学習者としてはいまだ〝発展途上国〟であると自認している。にもかかわらず、いかに「時の要請」とはいえ臆面《おくめん》もなく本書を執筆したことに恥じ入るばかりだ。いたらない部分は厳しく指摘していただきたい。

＊

2022年3月　ソウルにて

著者

目次

第三章　おとなの韓国語を〝独楽《どくがく》〟する

第七章　街のハングル探訪　145

第八章　韓国語はケンチャナ精神で　167

第九章　日韓の誤解を楽しむ 191

本文中の写真は特に断りのない限り著者撮影
ＤＴＰ　フォレスト

第一章　韓国語を面白がる

韓国語が国際語になった

先ごろ、韓国では英国の「オックスフォード英語辞典（通称ＯＥＤ）」に韓国語の単語が26個も収録されたといって話題になった。ＯＥＤといえば、世界中で発行されている英語辞典のいわば総元締めである。そこに英語として韓国語が入ったというのだから、韓国語が〝国際語〟になったようなものだ。

韓国は経済や文化、スポーツなど各分野で世界に進出し、今や「先進国になった」との声も聞かれる。国際的に存在感のある国になったのだ。そこに韓国語の英語化つまり〝国際語化〟という新たな朗報が伝わったものだから、国民は大いに喜んだ。

もちろんＯＥＤは従来から、その時々に国際的に話題になった外国語（の単語）を英語にして収録してきている。過去、日本語についてもよく話題になっているし、韓国語については１９７６年以来、これまで45年間に計20個の単語が収録されていると韓国メディアは伝えているから、これが初めてというわけではない。

ＯＥＤへの外国語の収録は、その外国が国際的にどれほど話題になっているかということと関係がある。その国に対する国際的な関心の反映といっていい。今回、韓国語が一度に26個も新しく収録されたということは近年、韓国に対する国際的な関心が広がり、韓国が国際的に話題になることが多くなったということを物語っている。

今回の26個は食や芸能にかかわるものが多い。韓国の食文化や韓流ドラマ、映画、Kポップなど、韓国文化が欧米をはじめ世界に広がったせいだ。

韓国映画が米アカデミー賞を席捲《せっけん》したとか、Kポップの「BTS」が海外で大人気……などというのがそうだ。韓国系の食や芸能に登場する韓国語が海外でなじみになり、それが英語表記として英語辞典にも登場するようになったというわけだ。

いささか大げさにいえば、今や国際人としてはそうした英語化した韓国語くらいは知っておいた方がいい。次ページに今回、英語となった韓国語26個を紹介するが、読者の皆さんはどれほどご存じだろうか。これまた大げさにいえばある種の〝国際感覚テスト〟である。辞書的にABC順に紹介すればこうなっている。

「スキンシップ」は日本から輸入

ただ、このうち韓国人が首を傾げているのが「タンスド」。普通の韓国語辞書には出ていないし、筆者にとっても初耳だ。そこで想像によって「唐手道」と解釈するしかなかったのだが、たとえばこういうことかもしれない。

2021年、東京オリンピックで競技種目になった日本のKARATEは、今は「空手

aegyo（エギョ）＝愛嬌
banchan（バンチャン）＝おかず
bulgogi（ブルゴギ）＝焼肉
chimaek（チメック）＝から揚げのチキンを食ってビール（メクチュ）を飲むこと
daebak（デバク）＝大当たり
dongchimi（ドンチミ）＝水キムチの一種
fighting（ファィティング）＝がんばれ
galbi（ガルビ）＝カルビ
hanbok（ハンボク）＝韓服、チマチョゴリのこと
hallyu（ハルリュ）＝韓流
japchae（ジャプチェ）＝雑菜、炒め料理
kimbap（キムバップ）＝ノリ巻き
K, comb（K 付きの言葉）＝Kポップとか K 防疫、K フード、K ビューティ（化粧品）のたぐい
K-drama（K ドラマ）＝いわゆる韓ドラ
Konglish（コングリッシュ）＝韓国製の英語でアイショッピングやハンドフォン、オフィステルなどをいう
Korean wave（韓流）
manhwa(マンファ)＝日本語の漫画の韓国語発音で韓国漫画のこと
mukbang（モックバン）＝食べモノがらみの放送番組
noona（ヌナ）＝弟からみた姉の呼称
oppa（オッパ）＝妹からみた兄の呼称
PC bang（PC バン）＝パソコンのゲームセンター
samgyeopsal（サムギョプサル）＝脂身の多い豚の三枚肉の焼肉
skinship（スキンシップ）＝元は日本から入った和製英語
tangsoodo（タンスド）＝唐手道？
trot（トロット）＝日本の演歌に似た韓国の大衆歌謡
unni（オンニ）＝妹の姉に対する呼称

OEDに収録された26の韓国語

（韓国語読みだとコンス）」だが、昔は「唐手（同タンス）」という漢字を使っていたことがある。で、その古い呼称が韓国に流入した結果かもしれない。聞くところによると韓国の古武術と称して「タンスド連盟」という団体があるとか。いずれにしろそれが今になって国際的に知られた韓国語とは、合点がいかない。

もうひとつ首を傾げたのは「スキンシップ」。これを韓国製英語とするには無理がある。日本の辞書『広辞苑《こうじえん》』にもあるように、元は日本で創られたいわゆる和製英語であって、それが後に韓国にもたらされ韓国でも定着したというにすぎない。正確にいえば「スキンシップ」はメイド・イン・コリアの「コングリッシュ」ではないのだ。

したがって、今回のＯＥＤにおける韓国語の単語選定にはいささかいい加減なところがあるのだが、韓国のメディアもまたいい加減である。さる一流紙のコラムは同じく和製英語である「アフターサービス（ＡＳ）」も「コングリッシュ」つまり韓国製英語などと堂々と書いている（東亜日報、２０２１年10月22日付）。

韓国で使われている、日本でいえば「カタカナ語」に相当する英語風外来語のほとんどは和製英語で、日本から流入し韓国でも定着したものなのだが、大方の韓国人はそれがもう分からなくなっているのだ。

ついでにいえば、26個のうち「ファイティング」こそは「コングリッシュ」つまり韓国製英語である。ところが逆に、韓国ではこれまで日本製英語だとして、言語ナショナリズムというか愛国キャンペーンの一環である「日本語追放」の標的になっていた。

皮肉な話だが、日本のスポーツ界で激励の掛け声としてよく「ファイト！」が使われるせいか、その名詞形の「ファイティング」も日本製と思い込んでいたのだ。ところが今回、ＯＥＤに韓国製とお墨付きをもらったのだから、これからはもう心おきなく「ファイティング！」を使える？

余談だが、この「がんばれ！」「がんばって！」として使われる「ファイティング」は便利な言葉で、韓国暮らしには必須《ひっす》である。飯を食ったり一杯やったりした後、別れる際に手の親指を立てて「じゃ、ファイティング！」とやる。相手の話を聞いた後なども「その通り、ファイティング！」である。実にしょっちゅう使われる。

激励だからこれを使えば仲間意識というか親しみが増す。スポーツ界から広がったので、どちらかといえば若者言葉という感じだが、オジさん世代がやるとほほえましくなって、相手は確実にニッコリだし、こちらも若い気分になる。

英語化したという韓国語26個のうち、すぐその意味が分かるのはどれほどあるだろうか。「ブルゴギ」「ガルビ」「キムバップ」「サムギョプサル」あたりはＯＫだろう。いずれも韓国食として日本でもなじみと思われるが、ちなみに「キムチ」や「マッコリ」はすでにOED に入っている。

ただ、今回の焼肉用語である「プㇽコギ」「カㇽビ」については「なぜブとかゴとかガに濁っているのだろう？」と疑問が出るかもしれない。

これは発音的にはどちらでも通用するのだが、文字として英語表記するのに際しBやGといった濁音系が使われているため、カタカナ表記もそれにならったということだ。とりあえずはこだわらなくてもいい。発音のことはおいおい説明していくつもりだ。

「オッパ」の全盛時代

今回、面白いのは「ヌナ」「オッパ」「オンニ」という家族の呼称が三つも入っていることだ。

おそらく韓国のドラマや映画に家族モノが多く、登場人物の家族がお互いそう呼びあっているため外国人にとって印象的な言葉になったのだろう。韓国映画は毎年のように国際映画祭で受賞し話題になっている。たとえば２０２０年度の米アカデミー賞を席捲した『パラサイト（韓国名・寄生虫）』は、半地下住宅に住む一家四人が手練手管で金持ち宅に入り込むという奇想天外な家族詐欺劇だったし、翌21年度にアカデミー賞助演女優賞をとった『ミナリ』も、韓国人家族の移民生活を描いたファミリー・ドラマだった。セリフのほとんどは家族の会話なのだ。

三つの家族呼称のうちでは何といっても「オッパ」が面白い。

その前に、韓国社会は家族主義というか血縁重視社会なため、家族の範囲がきわめて広く、家族の呼称も複雑だということを知っておく必要がある。日本なら「おじさん」「おばさん」「お兄さん」「お姉さん」でだいたい済むが、韓国では父方・母方あるいは男女、姉妹間などで呼称が細分化されているのだ。

このあたりは上級韓国語の世界になるので深入りしないが、韓国語の面白さという意味では知っておいて悪くない。ちなみに韓国語の家族については、母を意味する「オモニ」あるいは「オンマ」、父にあたる「アボジ」くらいは日本でも知られているかもしれない。

で、問題の「オッパ」は本来、妹が兄に対していう「お兄さん」だが、これが近年、家族・肉親以外でも広範に使われているので、韓国語の知識として不可欠なのだ。とくに映画やドラマでは、血縁関係にない恋人や若い夫婦、先輩後輩など親しい年長の男性に使われるので要注意である。

日本でも「ちょいと、お兄さん！」と声をかけられるが、これは恋人や夫婦ではまずない。

男女のラブシーンで甘ったるく「お兄さん……」などといわれては、妙な雰囲気になってしまうだろう。

しかし韓国では腕を組んで甘えたり、ベッドで抱き合ったりしても「オッパ……」なのだ。若い男女だけでなく、不倫ドラマの中年男女間でも「オッパ」が登場する。事情の分からない外国人は一瞬、本当のお兄さんかな？　と錯覚してしまう。

韓国ドラマの字幕を日本語に翻訳している女性翻訳者に聞くと「オッパ」はいつも悩ましいという。そのまま「お兄さん……」などと翻訳したのでは近親相姦《そうかん》（！）的になってしまう。そこで時には「あなた……」だったり単に「ねえ……」でごまかしたりするのだとか。

ついでに女性から「オッパ」といわれるような間柄で、いわれた方の男性は相手の女性に対してはどういうのか？　これが韓国語的にはまったく面白くなくて、単に女性の名前をそのままいうくらいなのだ。

それも「シ（氏）」を付けて。たとえば相手が「キム・ミスク（金美淑）」だったとすると「ミスク、シ……」というわけだ。「イ・ヘリョン（李恵玲）」だと「ヘリョン、シ……」というのだとか。日本語感覚ではベッドシーンで「○○氏はないだろう」と思うが、これは外国語である韓国語の話だから不思議がることはない。

ところで韓国でも接客場面で女性従業員が男の客に対し甘い声で「オッパ」というが、これは客をいい気分にして売り上げを伸ばそうという魂胆とみていい。しかし体験的にいって、一杯機嫌のところで「オッパ、オッパ……」といわれれば気分がいい。ただ、シラフの時に若い女性から「オッパ!」と呼ばれてみたいというのが筆者長年の願望(?)である。

「アガシ」はダメで「オンニ」がいい

OEDで英語になった韓国語の呼称では「オンニ」もぜひ覚えておきたい。これは韓ドラ理解のためというより、旅行や日常生活できわめて便利かつ必要な韓国語だからだ。

「オンニ」は本来、妹が姉についていう家族同士の血縁用語だが、今や家族ではない他人にも使う。とくにお店や窓口業務など接客場面で仕事をしている女性に対してはこれをよく使うのだ。

もともと姉妹同士でいう言葉だから、親しくなった女性同士の間で年上の相手にはそういう。女性の会話に耳を傾けると「オンニ」がひんぱんに登場するが、ほとんどの場合、実際の姉ではなく単に年長の友人のことである。

「オッパ」もそうだが、他人同士なのに家族呼称を使うのは「家族のように親しい」という親密さの表現である。血縁重視の韓国ならではのことだ。

ところで、日本でも客商売の場面で男の客がお店の女性に「おネエ（姉）さん」ということがある。なじみ客の言い方だが、これは「お姐《ねえ》さん」といった表記がふさわしいかもしれないが、血縁的な親しさより特定の客商売上の呼称という感じだ。

さらに韓国では同じ姉でも、弟からみた姉は「ヌナ」というので、妹からの「オンニ」とは呼称がまったく違う。ここでは「オンニ」の面白さを紹介しようとしているのだが、日常的に男性でも女性に「オンニ」といっていい場面が結構あるからややこしい。筆者は男だけれどこの「オンニ」の愛用者なのだ。

お店や各種窓口など接客場面で相手の女性に対しては、年齢に関係なくそう呼びかけることにしている。韓国人男性たちがそうしているのをみて真似たわけだが、これは効果抜群で韓国人になった気分がする。外国語の最適の上達法は現地人の「真似をすること」である。「オンニ」の面白さと重要性を理解するために以下、少し遠回りする。

韓国では接客の女性従業員に対しては、これまでは若ければ「アガシ」で、中年以上なら「アジュマ（アジュモニの略称）」と呼んでいた。ところが、いわゆる民主化時代が始まった1990年代以降、こうした呼称はどこか差別的な感じがするといってしだいに使われなくなった。

とくに「アガシ」は本来は「良家のお嬢さま」の呼称だった。李朝《りちょう》時代の韓ドラ時代劇にはよくこれが登場するが、その後、現代の韓国において若い女性に対する一般的な呼びかけ語として「アガシ」が普及した。若い女性がみんな「お嬢さま」といわれるようになったのだから、これは女性の地位向上であり、大いに結構なことだった。

ところがこの呼称が幅広く定着し、いわゆる夜の世界をはじめ接客業種の女性も「アガシ」になり、今度は接客女性の代名詞みたいな受け止め方になってしまった。その結果、「アガシ」は差別語（職業差別？）みたいな感じになり、お店や各種窓口、さらには通行人を呼び止める時など、今や「アガシ」は失礼でかつ嫌がられるようになった。

尊敬語だった「アガシ」が大安売り（？）された結果、逆に差別語になってしまい消滅しつつあるというわけだ。韓国語の面白い逆転ドラマである。

一方、「アジュマ」にはそんな歴史的経過はないが、これもどこか「おばちゃん」というか、関西風にいえば「おばはん」というくだけた軽い感じなので、人格評価の点でまずいということになった。職業的にはどこか〝下働き的イメージ〟があるからだ。

近年の韓国社会の重要なトレンドは民主化による「差別反対」である。男女平等志向からくる女性差別反対の声は実に厳しい。

では「アガシ」も「アジュマ」もダメだとなるとどうするか？　そこで重宝されるのが「オンニ」というわけだ。

基本的に年上の女性に対する尊敬語だから、若い従業員が「オンニ」といわれればうれしいし、「アジュマ」世代のおばちゃんにも尊敬感があって悪くない。そして本来は女性用語だが、これを男が使うとソフトな感じで愛嬌《あいきょう》があり、ほほえましいのだ。

他人ではないような親近感がただよう。男があえて女性用語を使うことでユーモア感があって、余裕にもなる。筆者のようなオジサン世代や年配層が「オンニ」を使うと、間違いなく場（座）はなごむ。

ただ若い男性が使うとどこか上から目線に感じられるようで、あまり歓迎されない。そこで若い男の場合は文字通り実の弟が実の姉にいう「ヌナ」を使うことがある。しかしこれはいささかリアルな感じになるので、あまり見かけない。

一方、近ごろ若い男女がお店などで女性従業員によく使うのが「イモ」である。血縁的には母方のおばさんのことをいう。これに対し父方のおばさんに相当するのは「コモ」というが、こちらはほとんど使わない。

なぜ「イモ」が人気かというと、おばさんというのは日本でもそうだが、母方の方が圧倒的に親しい。母方のおばさんは姉や妹の子を自分の子のように可愛いがってくれる。そして子どもが甘えるのも母方のおばさん「イモ」だ。だから同じおばさんでも「イモ」は人気があるが「コモ」は人気がない。

客がいう「イモ！」にはどこか甘えた感じがあり、女性従業員の方も心地よい。若い客はみんな従業員の「アジュマ」に「イモ！」と呼びかけている。ただ「イモ」には子どもっぽくてどこか郷愁に似た甘ったるい雰囲気があるので、年配客がこれを使うと「ん？」となる。オジさんは使わない方がいい。

「ヨギヨ！」は便利だが味気ない

ここまでもっぱら女性に対する韓国的呼称の面白さを紹介してきたが、男性にはどういうのかも書いておかないと不便だろう。

これは血縁とは関係なしに「おじさん」の意味で「アジョシ」でいい。若い男性でも「アジョシ」といわれれば年長者に見られた感じでうれしい。店では男の主人には「サジャンニム（社長さま）」が喜ばれるが「アジョシ」でも構わない。一方、客は尊敬の意味でよく「サジャンニム」と呼ばれるから、お店は社長だらけ（！）というわけだ。

以前から韓国を訪れた日本人客が覚えて帰ってくる韓国語がいくつかあった。その一つが先に紹介した「アガシ」だが、前述のようにこれは韓国の国内事情でもう使えなくなった。あとは会話的に「こんにちは」にあたる「アンニョンハセヨ」とか、電話の「もしもし」など呼びかけの「ヨボセヨ」か。それから英語のイエスにあたる「ネー」とかグッドの「チョアヨ」。

ごく私的な話でいえば、筆者が東京にいる娘宅に電話すると小学生の孫がよく出る。そこでこちらが冗談半分によく「ヨボセヨ」とか「アンニョンハセヨ」というので、彼はこれを覚えてしまい、学校の宿題でその言葉を書いたといっていた。

さらに韓国旅行での〝お持ち帰り韓国語〟には、食事場面での「おいしい」にあたる「マシイッソヨ」もあるだろう。最近は、お店での注文の際、従業員を呼ぶ言葉として韓国人が使っている「ヨギヨ」を覚えてくる人も多いだろう。

「ヨギ」とは「ここ」だが「ヨギヨ」はそれを少し丁寧にして「ここです」という意味になる。つまり最近は「おじさん」とか「おばさん」とか人格がらみの言葉より「ここ、ここ」とか「ここよ」といって相手に気付いてもらう無機質（？）の言い方が広がっているのだ。

人権配慮で人間関係がよそよそしくなった?

ただ「ヨギヨ」だけではいかにも味気ない。せっかくだから国際語(?)になった「オッパ」「オンニ」や「イモ」くらいは覚えて帰ってほしい。

腹ペコ、ノッポ、モグモグは韓国語?

さて日本人としての韓国語の面白がり方では、やはり韓国語と日本語の妙な類似語が気になるところだ。韓国に暮らしているとよくそれを感じる。そんな日韓類似語を知るのも韓国語への好奇心になる。以下でその一端を紹介する。

たとえば、すぐ気が付くのが「腹《はら》ペコ」だ。お腹がすいた状態を韓国語では「ペコッパ」というからだ。「ペ」はお腹を意味するが、日韓で似ている。ただ日本語ではへこんだ状態を「ぺこん」とか「ぺこぺこ」というので、韓国語の「お腹(ペ)」とは必ずしもつながらないのだが、どこか似た感じが気になって面白い。

似たような話で、背が高いことを日本語で「ノッポ」というのもそうだ。韓国語では「高い」が「ノッパ」であることから韓国語ルーツ説がある。

しかし実際には、背が高いことは韓国語では「ノッパ」ではなく、大きいという意味の「クダ」あるいは「コ」を使う。山の高さは「高い」だが背は「大きい」としかいわないので、「ノッポ」の韓国語ルーツ説は怪しくなる。

それからルーツはともかくとして、日本では酒を飲み過ぎると「ベロンベロン」に酔っぱらうが、韓国では酔っぱらうと「ヘロンヘロン」になる。あるいは道を歩く時、日本では「トボトボ」と歩くが、韓国でも「トボッ、トボッ」と歩く。

またモノを食べる様子を日本では「モグモグ」というが、韓国では「食べる」を「モクタ」あるいは「モゴ」というので韓国語と関係があるようにみえる。たとえば家庭の食事風景で韓国のママも日本と同じく子どもに「早く食べて！」とよくいう。「早く」は「パルリ」だから「パルリ、モゴ！」なのだ。「モゴ→モゴモゴ」はそれらしい。

ところが韓国語で「モグモグ」食べるというのは「ウムルウムル」なので、全然違っている。とするとモグモグ韓国語関係説は怪しい。

名詞になると類似語は多くなる。分かりやすいのは鳥の名前で、たとえば日本語の「ツル（鶴）」は韓国語では「トゥルミ」だし、「カモメ（かもめ）」は「カルメギ」だからいずれもお仲間だろう。国際的に保護鳥になっている「トキ（朱鷺）」は韓国では「タオギ」といい、その名前は「タオ、タオ……」という鳴き声からきているといわれている。「トキ→タオギ」はほぼ間違いない。

さらに日本のＪＲ山陽《さんよう》本線の駅名に以前あった山口県の「小郡（おごおり）」は以前から気になっていたが、それは韓国語の単語に「コウル」を発見してからだ。「コウル」は韓国語の辞書には「郡」という漢字が付いていて、昔の行政区域で役所があったところだという。いわば町のようなものだから、日本の「コオリ（郡）」は韓国の「コウル」とイコールに違いない。

「大磯」は韓国語起源というお笑い古代史ロマン

こんな話は無数に引き出せるが、笑い話のようなエピソードも紹介しておこう。韓国で日本を意識した愛国言説について、日本サイドで皮肉られている新造語に「ウリジナル」という言葉がある。「ウリ」は韓国語で「われわれ」という意味。それに英語の独創的という意味の「オリジナル」をくっつけたユーモア系の造語だ。

韓国では日本文化について何でもかんでも「元はわれわれのモノ」という韓国ルーツ（起源）を主張する議論が盛んで、それを日本側では「また、ウリジナルをやってる……」といって皮肉るのだ。

そのウリジナル系の笑い話に以前、こんなのがあった。先の「コウル→コオリ」のような地名にかかわる話である。

日本の神奈川県の海辺に「大磯《おおいそ》」という町がある。要人や有名人の別荘があってよく知られている。この町の名前をめぐって在日韓国人の知識人たちの間で韓国語ルーツ説が語られたことがあった。「オオイソ（大磯）」はもともと「オソオイソ（さあ、いらっしゃい）」という韓国語だったというのだ。

たしかに韓国語に「オソ、オイソ」という言葉はある。「オソ」は行動を促す時に「さあ、どうぞ」といった感じで使う。「オイソ」は標準語では「オセヨ（いらっしゃい）」で、南部の釜山《プサン》地方の方言である。

では、なぜ、釜山あたりの方言が日本の神奈川県あたりまでやってきたのか？　これが面白い。

その昔、日本には朝鮮半島から多くの渡来人がやってきて、先進文化をもたらした。関東《かんとう》地方にも渡来人集団がやってきたが、その中に韓国南部の釜山あたりから来た集団がいた。神奈川県の浜辺に上陸した彼らは、後からやってくる人たちに対して「よくきた！」という歓迎の意味から、故郷の言葉で「オソオイソ（さあ、いらっしゃい）！」といった。

渡来人たちがしきりに「オソオイソ！」「オソオイソ！」というので、それを見ていたまだ無知だった先住民の日本人たちは「ここはオソオイソなんだ」と思うようになった。これが後に「オオイソ」という地名になり、今に伝えられている……というのだ。真偽のほどは分からない、いや怪しい？

「何だ、バカバカしい」などといってしまうのは惜しい。日本における韓国語にまつわる壮大な古代史ロマン（？）ではないか！　ロマンにケチをつけるのは野暮というものだ。酒席でのブラックユーモアとして話題に使える。

万葉集は韓国語で読める？

ここまで書いてきて思い出したことがある。日韓共通語ということに関連する話だが、今から30年ほど前、日本で「万葉集は韓国語で書かれている」としてセンセーションを巻き起こした本がある。李寧熙《イヨンヒ》著『もう一つの万葉集』（１９８９年、文藝春秋刊）である。すべて漢字（いわゆる万葉仮名）で書かれた『万葉集』は、古代韓国語の影響を強く受けていて、その漢字を韓国語として読めばまったく違う解釈になるというのだ。

この本はベストセラーになり、彼女はその後も「枕詞《まくらことば》のナゾを韓国語で解く」とか「韓国語起源の日本語」などをテーマに多くの著書を日本で発表。日本では「韓国語ルーツの日本語を探ろう」というファンクラブまでできて、人気を得た。それはささやかな韓国語ブームでもあった。

『万葉集』は日韓双方にまだ自前の文字がなく、お互い自分たちの言葉は漢字音で表現していた時代の作品である。当時の日本は、朝鮮半島からのいわゆる渡来人の文化的影響を受けていたこともあり、万葉集＝韓国語説は「さもありなん」と思わせるところがあった。専門家の間からは「そんなことをいうなら万葉集はフランス語でも読める」などと批判や反論、否定論が圧倒的だったが、日本の万葉集研究の盲点をついたという点で、新鮮な驚きと話題を提供した。

彼女は実は新聞記者出身で「韓国日報」の文化部長や政治部長を務めている。日本生まれで、少女時代を日本で過ごし日本語は達者だった。児童文学者でもあり、国会議員にもなった。昨年（２０２１年）89歳で他界した。

新聞記者出身ということで生前、筆者もお世話になったが、彼女は日本のお祭りでの「ワッショイ、ワッショイ」は、韓国語の「ワッソ（来た）」が語源だと信じていた。詳しくは著書に譲るが、訃報《ふほう》に接して彼女が日本にもたらした30年前の韓国語ブームのことを思い出した。「万葉集は韓国語で読める」という彼女の大胆なアイデアは、学問的にはともかく、日本人にとって「韓国語は面白い」というメッセージになっていた。合掌。

第二章　韓国語へのはまり方

日本人の間で韓国語が流行っている？

先ごろ日本のネット・メディアでこんな韓国語論議があった。「ニューズウィーク日本版」（2021年9月10日付、ネット版）に在日アメリカ人が寄稿していた記事で、最近、韓国語由来の「やばいンデ」という言葉が日本で使われているとして、日本における外来語の現状を語っていた。「やばいンデ」は「やばいんだよ」とか「やばいんだけど」といった意味で使われているこの「……ンデ」は韓国語であって、近年の韓ドラやKポップ人気などによる韓国ブームの影響だというのだ。

韓国語における「……ンデ」は実はきわめて重要な言葉で、会話をはじめもっともひんぱんに登場する接続語である。詳しくは後で紹介するが、日本語でいえば「そこで……」や「ところで……」を連発する人がいるが、そんな感じのつなぎの言葉でしょっちゅう使う。韓ドラのセリフでもおなじみだろう。だから日本語化してもおかしくない？

記事を見て一瞬、「？」と思ったのだが、そういえば日本では外国語を借用した「サボる」とか「トラブる」「ネグる」といったチャンポン日本語がある。さらに筆者のソウル語学留学時代の記憶でいえば、在日韓国人の同級生たちが「昼飯をモグろうよ（食べよう）」とか「学校にカるか（行くか）」などといって〝在日語〟だと面白がられていたから、韓国語がらみで〝日韓チャンポン〟があってもおかしくはない。

ところがこの記事に対しては「いや、それは必ずしも韓国語ではないのじゃないか？」という疑問や批判が多数寄せられていた。つまり、もともと日本語には「……なので」を「んで」という語法があり、「やばいンデ」は「やばいので」という日本語と考えるべきだというのだ。

たしかに「まずいんで」「おいしいんで」「朝早いんで」「困るんで」「つらいんで」「大変なんで」……昔からいくらでもある。結局、ネットの反応で見る限り〝ンデ〟韓国語説は間違いとなっていたが、韓流ブームだからといってそこまで韓国語ルーツだといったのでは、前章で紹介した「ウリジナル」になってしまうだろう。

ついでにもう一つ、記事を書いた在日米国人によると「チンチャ」という韓国語も日本の若者の間で流行っているという。これは「ほんとう」あるいは「ほんもの」の意味だが、韓国では、相手の話を聞きながら「それホント？」という意味で「チンチャ？」などとよくいう。

「エーッ、ウッソ！」という驚きの感嘆詞にもなるので、若い女性など会話中に口グセのようにいう。したがって韓ドラなどでもよく耳にするに違いない。

ちなみに「チンチャ」の「チン」は漢字語の「真」である。そしてその反対語というか対称語になる「にせもの」は「カチャ」というが、「カ」は漢字の「仮」である。「チンチャ」

もそうだが「カチャ」も物だけではなく、でたらめな話などでも「それカチャだな」などという。

で、韓国語の「チンチャ」が日本社会に外来語として登場したとしても不思議はないのだが、それが記事のように、実際流行っているのかどうかとなると、はてどうだろう。文字通り首を傾げて「それ、チンチャ？」といいたくなる。

韓国語が上手になる「ンデ」

ただ、最初の「……ンデ」についていえば、韓国語学習においてはきわめて重要なのであらためて触れておきたい。筆者の経験でいえば、この接続の単語というか語法を覚えれば、まるで目の前のカスミが晴れたような気分になるのだ。ある日、突然、韓国語がうまくなったように感じるるし、あたかも韓国人になったように自信が生じる。

というのは、誰でも経験することだが、会話や文章で「私は○○です」「どこそこの出身です」「これこれを勉強しました」「これから何々をしたいです」……といった短い文章を切れ切れにいっても、どこか幼く、つたない感じがする。いかにもたどたどしい初心者という域を抜けられない。これでは普通の会話としては成り立たない。

そこでこなれた雰囲気にするには、そうした短文をいくつかつなげて、会話や文章を長くしなければならない。その際、必要なのが文章を切らずに続けるための接続語や接続句である。

そこでもっとも簡単でよく使うのが「これこれなんですが、これこれするつもりです」とか「これこれして、こうなって、こうなるようです」といった時の接続句である。それが韓国語では「ンデ（あるいはヌンデ）」なのだ。普通は「何々なんだけど……」といって二つの文章をつなげることが多い。

「ワタシは○○という者ンデ（ですが）、日本から今、到着したンデ（ので）、食事をしたいンデ（のですが）、どこかいい店はないですか？」といった風に会話や文章を長くできるのだ。したがって「ンデ（あるいはヌンデ）」を使えば文章はいくらでも続けられるということになる。

日常的には2文を続けて「今日は暑いンデ、生ビールでも飲もう」といった風になるし、ドラマや歌の文句では「あんなに愛（サラン）してたのに……」といって「サランヘッヌンデ……」がよく登場する。

余談になるが、韓国人がもっとも好きな言葉は、絶対的な存在である「オモニ（母）」を除けばこの「サラン」だろう。韓ドラやKポップのセリフには「サランヘ（愛してる）」があふれている。

ハングルから漢字を探り出そう

ところで日本人が韓国語に親しもうとする場合、やはり漢字を媒介するのがもっとも効果的だと思う。ただ、実際の韓国社会では全体的に漢字は排除されていて、一部、街の表示などに出ているだけだ。普段見かけることはあまりない。とくに店の看板からは中華料理店を除いてほとんど消えてしまい、今や英語の看板の方が圧倒的である。

したがって漢字で韓国語に親しむといっても、漢字が見当たらないので本当は無理な話である。ところがそこは日本人の〝特権〟あるいは〝特技〟みたいなもので、ハングル表記だけの韓国語から見えない漢字を探り出して、大いに面白がるという手がある。

まず身近なところで漢字を探してみる。

たとえば出会った時のあいさつ「アンニョンハセヨ?」は、元は「安寧(アンニョン)」という漢字からきている。あえて直訳すれば「安寧でいらっしゃいますか」というわけだ。

また「ありがとう」の「カムサハミダ」も本来は漢字語で「感謝(カムサ)しています」である。

「すみません」の「ミアンハミダ」も「未安(ミアン)」という漢字がもとになっている(発音的には「ミアナミダ」と聞こえるので、使う時にはそういえばいい)。

安寧や感謝はすぐ分かるが、「未安」は日本では使わない漢字語なので説明がいるかもしれない。これはおそらく「未」に「いまだ」とか「いたらない」という意味があるからだろう。相手に対し「いまだ安らかでないでしょう」といって慰める感じがあり、そこで「申し訳ない」「すみません」という謝りの言葉になったものと思われる。

「すみません」にあたる韓国語にはもう一つ「チェソンハミダ」というのがある。日本人は言いやすい「ミアンハミダ」をよく使うが、日常的にはこちらの方がよく使われている。女性などは軽い感じで「チェソンヘヨ」とよくいっている。

ところがこの「チェソン」も元は漢字の「罪悚」である。「罪に恐れおののく」「恐縮しごく」といった実に難しい漢字語で、漢字を意識すればまるで李朝時代の韓ドラ時代劇みたいな雰囲気がする。日本語にはない漢字語だが、韓国人は漢字を知らないので逆に気軽に使っている。これが難解な漢字語だということは誰も知らない。

彼らはこの言葉を漢字で知っているのではなく、「ちょっと失礼……」といったように軽く謝る時は「チェソン」というのだと、習慣的に使っている。漢字の難しい語源は知らなくても、ハングル表記の「チェソン」だけで「すまない」という意味だと覚えているのだ。韓国語学習者のわれわれも、そうして覚えるのが一番いいのだが、ここではあえて漢字を探し出して面白がろうということで、漢字を紹介している。
ハングル表記つまり発音は同じだけれど漢字では違うという「同音異義」語のことについては後で書くが、とりあえず韓国人は、日本語の平仮名や片仮名にあたる表音文字のハングルの音だけですべての言葉が分かるということだ。

「すみません」にもどれば、いずれも元は漢字だけれど「チェソンハミダ」より「ミアンハミダ」の方が謝り言葉としてはより強いと思われている。日本人の漢字感覚からすると「未安（ミアン）」より「罪悚（チェソン）」の方が重々しいし、謝罪の意味はより強いと思うのだが、現実は逆なのだ。これも韓国人の漢字語の面白さである。

したがって韓国人は「ミアンハミダ」はあまり使わない。日本人は日常的に「すみません」が大好きでよく使うため、韓国でも日本語感覚でよく「ミアナミダ」「ミアナミダ」……という。しかしこれは韓国語的には謝り過ぎということになる。

ついでだが、実は謝りの韓国語にはもう一つすごい言葉がある。日常的に普通の人は使わないのであえて覚える必要はないのだが、面白い漢字語なので紹介しておきたい。

大統領など偉い高官たちが公式の席で「申し訳ない」といって使う「ソングスロプタ」と

か「ソングハミダ」という時の「ソング」がそれだ。漢字では「悚懼」でこれも実に難しい。日本の『広辞苑』には「しょうく」として出ていて、意味は「おそれおののく」と説明されているが、漢字からのイメージでは先に登場した「罪悚」と同じく李朝時代的な雰囲気が漂っている。

そして大統領などがこれをいうと、謝っているはずなのに逆にどこか威張っている感じがして面白い。日本語の時代劇でいえば「申し訳ござらん」といった感じだろうか。とくに政治的に困った場面でよく使われるので、謝りたくない時に表向き謝っている風をする言葉という感じである。もったいぶった謝罪語なのだ。

これも多くの韓国人は漢字のイメージがないので、難解でよく分からないということはない。偉い人たちが謝る時に使う言葉と思っているので、そういわれたからといって、ことさらありがたがるということもない。

結局、韓国語には三つの「すみません」があるということだが、使われる際の軽重感でいえば「チェソン」「ミアン」「ソング」の順である。

「ありがとう」の漢字語と固有語の微妙さ

「すみません」では「チェソンハミダ」と「ミアンハミダ」の微妙な軽重を紹介したが、同じように「ありがとう」にも似たようなことがある。

日本人には「感謝（カムサ）」という漢字の感覚があるので「カムサハミダ」がピンとくるし、分かりやすく、覚えやすい。しかし実際の韓国人は「カムサハミダ」よりも「コマプスミダ」をよく使う。

「コマップタ」という、漢字がない固有の韓国語で、漢字語の「カムサ（感謝）ハミダ」より気軽なのだ。「カムサハミダ」はどちらかというとより丁寧で格式がある。外国人の場合、丁寧な言葉を使っておけば無難だし、それで構わないのだが、あえていえば「コマプスミダ」がよりこなれた現地風ということになろうか。

ただ「プ」という音は慣れない日本人には発音しにくいため、簡単に「コマッスミダ」でも構わない。耳にはそう聞こえる。あるいはより気軽な言い方で「コマウォヨ」でもよい。お店の人に笑顔で「コマウォヨ！」といえば韓国人になった気分である。

つまり「ありがとう」という韓国語には、漢字語の「感謝」からきた言葉と、漢字があてはまらない、漢字が入る前から存在するいわゆる固有語があるのだ。そしてこの場合、どちらかというと漢字語である「カムサハミダ」の方が、丁寧で格調があると思われている。

漢字好きの日本人にとって韓国語が興味深いのは、こうした漢字語と固有語の関係である。

現在、韓国で使われている韓国語の70％以上は漢字語だといわれ、これは日本語と同じく名詞に漢字語が多いためだろう。

「ありがとう」のように漢字語と固有語がある場合、どちらをよく使うかは言葉によりけりだが、日常的にはくだけた感じで使える「コマッスミダ」や「コマウォヨ」の方が多いように思う。

韓国料理店『ハンメチョン』で学ぶ

ところで日韓双方とも漢字語は多いのだが、韓国語には日本語と違って漢字をめぐる興味深い〝裏事情〟が潜在している。韓国語学習への手助けとして、ここでその裏事情を探ってみる。

ソウルで筆者がひいきにしている韓国料理店に『ハンメチョン』という屋号のお店がある。韓国でいういわゆる「韓定式」だが、韓国料理のちゃんとした膳《ぜん》を出す店なので料亭といってもいい。

建物は韓国の伝統家屋である小ぶりの「韓屋（ハノク）」で、反りのある瓦屋根《かわら》に中庭（マダン）が付いている。細い路地裏でひっそりしていて風情がある。ソウル旧市街の憲法裁判所近くに位置し、伝統家屋が多いことで知られる観光スポットの「北村（プクチョン）」にも近い。
グルメ紀行ではなく韓国語の〝現場楽習《がくしゅう》〟の意味で紹介するのだが、この店のお気に入りポイントは①料理がおいしい ②建物に歴史的背景がある ③お店の名前がいい――の三点。このうち②は、日本時代に内外で名声を博した女性舞踊家・崔承喜《チェスンヒ》の生家だったという歴史的エピソードのことをいう。

三つの中では③が話の本題にかかわるのだが、その前に②について少し詳しく触れておく。

崔承喜は日本統治時代の1930～40年代、日本を舞台に活躍したモダン・ダンスの天才的ダンサー。「半島の舞姫」といわれ「SAI・SHOKI」という日本語読みの名で欧米など海外公演でも人気だった。川端康成《かわばたやすなり》は彼女の大ファンで知られ小説『舞姫』に彼女のことが登場する。戦争末期の1944年（昭和19年）、東京・帝劇で一週間にわたって客席を満員にしたリサイタルは〝伝説の舞台〟として歴史に残っている。今風にいえば〝韓流の草分け〟である。

玄関には彼女の写真や経歴についてのパネルが掲げられている。そんなエピソードもお店の付加価値になっているのだが、筆者のもっぱらの関心は③である。店の名前が〝韓国語楽習〟にもってこいなのだ。

店の看板にはハングル文字で「ハンメチョン」と書かれている。意味は「大きい（ハン）」「やま（メ）」の「村（チョン）」である。

三つの文字のうち「ハン」は漢字語では「韓」や「漢」にあたるが、固有の言葉としては「ひとつ」とか「大きい」の意味がある。店の名前としては「大きい」をとって「大きな山の村」というわけだ。あえて漢字語にすれば「大山村」である。

「チョン（村）」だけが漢字語であとは漢字がない固有語ということだが、そのうち興味深いのが「やま（山）」に相当する「メ」である。

筆者お気に入りの韓国料理店「ハンメチョン」

一方で韓国語には山という漢字からきた言葉の「サン」がある。そして「メ」を辞書で引くと「山（サン）の古語」とある。つまり韓国では漢字が伝わる前から、やま（山）を意味する言葉はあって、「メ」といっていたというわけだ。

ところが現在、韓国では「山に登る」とか「あの山は美しい」という時、みんな「サンに登ろう」「あのサンは美しい」という。「メに登ろう」「あのメは美しい」とは決していわない。日常生活から「メ」という言葉がなくなっているのだ。

これはおそらく、その昔、中国から漢字が伝わり、「やま（メ）」を意味する漢字語の「山（サン）」という言葉を知ることによって、人びとは「メ」の代わりに「サン」というようになったということだろう。

「メ」が「サン」にとって代わられたということは、漢字語が固有語を追放してしまったということである。理由は分からないが、人びとが「メ」より「サン」の方がカッコいいと思ったのかもしれない。固有のモノより外来のモノがカッコいいといって、人気を得るなどということは、いつでもどこでもあることだ。

山や川が消えた韓国語の悲劇

先に紹介した「すみません」とか「申し訳ない」も、元は漢字語ではない固有の言い方があったはずだ。漢字が伝わる前から固有の言葉はあったのだから。ところがそれも漢字が入ることによって「ミアン（未安）」とか「チェソン（罪悚）」とか「ソング（悚懼）」といった漢字語にとって代わられたというわけである。

このことを日本語と比較してみると面白い。日本語には「やま（山）」については漢字が伝わる以前からあった「ヤマ」と、漢字が伝わってからの「サン」という言葉の両方が今もある。だから「サンに登ろう」ではなく、今も「ヤマに登ろう」という。漢字が入ってきたけれど固有語は残ったのだ。

これはおそらく、日本語が漢字に対し漢字語の〝音読み〟のほかに、「山」を「ヤマ」とも読むという〝訓読み〟を編み出したからだと思う。同じく漢字を使いながらも訓読みによって固有の日本語が残ったのだ。韓国語でも「山」を「サン」だけではなく、「メ」とも読むという訓読みを作っておれば「メ」は残ったかもしれない。

ついでに、現在の韓国語からは消えてしまった「メ」だが、その痕跡《こんせき》が残っているいくつかの韓国語を紹介する。

日常生活でよく見聞きするものでは、まず穀物の「そば」が「メミル」になっているのがそうだ。「ミル」は小麦のことだから、「山の小麦」という意味で「メミル」なのだ。

またイノシシを「メッテジ」というが、「テジ」はブタのことだからこれは「山ブタ」である。「山にいるブタ」ということでしっかり「メ」が残っている。

あるいは「メアリ」という「山びこ」もそうだと思うが、「アリ」がいまいちよく分からない。辞書には「メッナムル（山菜）」という単語も出ているが、耳にしたことはない。

そういえば現代韓国語には「かわ（川）」も残っていないようだ。筆者は釣りが趣味で韓国の各地の川を訪ね歩くが、川のことをみんな「カン」といっている。漢字語の「江」のことである。ソウルの「漢江」を「ハンガン」というように、固有名詞でなくても「あの川」という時も「あのカン」なのだ。

韓国語の「かわ（川）」は元は何といったのだろう？　辞書には「シネ」という単語が出ていて、詩などで「小川」的な使い方で見聞きしたことがあるが、ソウルの漢江を「シネ」という人はいない。

辞書を探すともう一つ「カラム」があった。しかし韓国人に聞くと誰も知らないという。ただ日本人の居住者も多い漢江沿いのマンション街に「ハンカラム」という名のマンションがある。あれは「カラム」の痕跡だったのか。「メ」といい「カラム」といい、大げさにいえば韓国語の悲劇である。

ハングル愛国運動

漢字語の「サン（山）」のせいで「メ」が無くなったのは、韓国語にとっては寂しい。「カラム」が無くなって「カン（江）」だけになってしまったのも残念だ。「すみません」が漢字語しかないというのも気になる。すでに指摘したように、現代韓国語の70％以上が漢字語というのは韓国人にとってはしゃくにさわることだろう。

そこで韓国では以前から固有語（純韓国語）を復活させようという動きがある。民族主義というか愛国運動の一種である。漢字では書けない固有語は結果的にハングル文字でしか書けないので、いわば〝ハングル主義〟にも通じる。日本語の感覚でいえば、固有語の復活は平仮名だけで文章を書くようなものである。韓国の文学作品には近年、そんな努力がうかがわれる作品が多いと聞く。

ところで地名は、実際の行政区画ではほとんどが漢字語である。その結果、ソウルの地下鉄の駅名も「シチョン（市庁）」「トンデムン（東大門）」「ミョンドン（明洞）」「シンチョン（新村）」「カンナム（江南）」……などとほとんど漢字語だが、その中にごくわずかだが漢字では書けない固有の純韓国語名がある。

地下鉄ホームの出口表示

たとえば「エオゲ」とか「ボティコゲ」がそうだ。「とうげ（峠）」を意味する「コゲ」という言葉からきた地名だが、「わが国固有の言葉を大事にしよう」という愛国主義というか、いわゆる〝言語ナショナリズム〟からあえてそんな駅名がつけられたのだ。

ついでに紹介すれば、駅名もさることながら駅の出入り口も以前は漢字付きで「チュリプク（出入口）」だったが、今は「トゥロガヌンゴ（はいるところ）」とか「ナガヌンゴ（でていくところ）」とハングルを中心に表示してある。文字数も多いし一目瞭然《りょうぜん》でなくて日本人には不便だが、漢字語排除という愛国心の結果である。

その意味では首都の「ソウル」は漢字では書けない固有の韓国語だ。中国の影響が強かった時代は「ハンソン（漢城）」や「ハニャン（漢陽）」で、日本統治時代は「キョンソン（京城）」といずれも漢字だった。それが「ソウル」となったのは、韓国人にとっては大いに誇らしい。「ソウル」とは原っぱとか集落という意味の古語に由来するとか。

こうした街の地名というのも〝韓国語楽習〟にはいい素材である。

地下鉄やバスの案内放送を聞きながら駅名を漢字で想像するのは楽しい。だから新しく6号線の開通で「ボティコゲ」なる駅名を発見した時は新鮮かつ驚きだった。そして「ボティ」が「しんぼうする」「がまんする」「耐える」という意味の「ボティダ」からきていることを知って、さらにうれしくなった。

「ボティコゲ」が「がまんしながら、えっちらおっちら越えて行く峠」とは実に面白い。日本語風にいえば「しんぼう峠駅」とか「がまん峠駅」というわけだ。ストーリー性があってイメージがふくらむ。ソウルの中心部に位置する南山《ナムサン》の麓《ふもと》にあるのだが、街の真ん中にそんな駅があるのだから楽しい。

ここまで韓国語における漢字語や漢字との関係について書いてきた。そして漢字や漢字語排除という言語的愛国ムードのことも指摘した。ところが現代韓国語に意外なハプニング（？）が起きた。漢字排除を主張してきたのに、新たにすごい漢字語を生み出したのだ。

セクハラを意味する「ソンヒロン」である。

周知のようにセクハラは、米国経由の新しい社会的概念である「セクシャル・ハラスメント」という英語の日本的略語で、いわゆる和製英語だ。この新概念が国際的に広がった時、これをどう訳するか韓国は悩んだ。今さら和製英語を使うわけにはいかない。

そこで考えついたのが漢字語の「性戯弄《ぎろう》」である。韓国語発音（つまるところハングル表記）では「ソン（性）ヒロン（戯弄）」という。

これを知った時は「エーッ」と驚き、そして感動した。驚きというのは、まるで李朝時代を思わせるような難解かつ重々しい漢字語が登場したこと。感動の方は、漢字排除でハングル主義の現代韓国語に、まだそんな漢字語の造語力が残っていたのかという喜び。

「性戯弄」とは「性をざれ、もてあそぶ」ということで、意味的にはまさにセクハラに該当するが、漢字の語感としては格調があり過ぎて重たい。「もてあそぶ」という固有の韓国語はなかったのかしら？　しかし漢字の「戯弄」とはよく思いついたものだ。

そして面白いのは「ソンヒロン」という発音である。まるで遠い外国語のような感じがするではないか。漢字を知らない現代韓国人には「ソンヒロン」と聞いても漢字の語源など分からない。事実、外国語だと思い込んでいる人も結構いる。どこかエキゾチックでまさに最先端のイメージがする。

「ソンヒロン」もまた「チェソンハミダ」のように漢字抜きで韓国語として定着してしまった。

「防火」と「放火」は悩ましい同音異義語

最後に日本人には気になる漢字抜きの韓国語の同音異義語について書く。韓国人は漢字抜きで意味の区別をどう理解しているのだろう、という疑問である。

先に紹介したように、筆者は趣味の渓流釣りで山によく出かける。高速道路をはじめ車が走る道路には各種の道路標識が出ている。その中でいつも見るたびに苦笑するのが山道での「滑り注意！」の標識である。

韓国の冬は道がよく凍り、車は滑りやすい。その注意表示なのだが、韓国語というかハングルで「ミックロムチュイ」と書かれているのだ。

「ミックロム」は「滑る」の名詞型で「チュイ」は漢字だと「注意」あるいは「主義」である。そこで筆者はまず「注意」ではなく「主義」の方を想像してしまう。つまり「ミックロムチュイ」がいつも「ミンジュチュイ（民主主義）」や「コンサンチュイ（共産主義）」のように「ミックロム主義」に見えて仕方ないのだ。

これはごく私的な笑い話なのだが、山道を走りながら釣り仲間の韓国人にそれをいうと怪《け》訝《げん》な顔で一笑された。山の中には当然、「主義」などありえないからだ。

ビル玄関の表示板に書かれた「ミックロム主義?」

「ドンウィ」も、ハングル書きや耳で聞いただけでは「同意」か「動議」か分からない。「防火」も「放火」も同じく「バンファ」というので、これは意味が真逆だから聞き間違えると危い。

「ポジャン」は普通は「包装」だ。店で品物を包んでもらったり、お持ち帰りを頼んだりする時によく「ポジャン、ヘジュセヨ（包んでください）」という。ところが「舗装」や「布帳」も「ポジャン」である。「布帳」は本来はテントだが「ポジャンマチャ（布帳馬車）」といって屋台のことをいうので、区別しなければならない。

「ポジャン」で「包装」か「布帳」か話題になった時、韓国人は「ポジャンマチャ（屋台）だってテント（布帳）で包まれているので同じじゃないの」といっていた。はて？

韓国人にとって韓国語における漢字語系の同音異義語の違いは、話の流れや文脈で判断するしかない。日本人が気にするほどには気にならないようなのだ。つまり漢字のイメージがまったくないため、ここではどの漢字だろうか？ とは思わない。それもこれも「ポジャン」ということで納得なのだ。「バンファ」も状況によって放火か防火かは分かるからだ。

それでも知り合いの韓国人記者が白状（？）してくれたが、彼はスポーツニュースで「ヨンペ」という言葉が出ると瞬間的には「連覇」か「連敗」か区別がつかないという。発音やハングル表記は同じだが意味は逆だから、意味を取り違えると深刻である。

しかし以上はあくまで日本人的なこだわりであり、日本人としての面白がり方ということになる。

第三章

おとなの韓国語を〝独《どく》楽《がく》〟する

「子イヌ」が悪口になるミステリー

筆者は近年、ある韓国語について韓国社会に重大な問題提起をしている。動物のイヌに関するものだが、名物・イヌ肉料理のことではない。長らく内外で問題視されてきたイヌ肉料理の「ポシンタン（補身湯）」自体はこのところ、韓国社会に空前のペットブームが起きることでこれまでになく批判の声が高まり、消滅寸前に陥っている。

問題提起とは、伝統的食文化のイヌ肉料理さえ壊滅に追い込んだペットブームなのだから、イヌがらみのある言葉も追放してはどうか？　という話だ。問題の言葉とは「ケセッキ」のことである。

これは韓国語で「ヨク（辱）」といわれる悪口、ののしり、罵詈《ばり》雑言のたぐいである。日常的によく耳にするが、韓国人はこれをいわれると確実に怒るというほど、絶大な威力を発揮する悪口だ。

その意味について韓日辞典には、卑語・俗語として「こん畜生」「この野郎」などと出ているが、実態的な嫌悪感はそんな生やさしいものではない。メディアで活字として引用される時は「×××」と伏字になっているし、放送だとその部分だけ音声がカットされるくらいだ。

しかし人びとの間では日常的にきわめて多くの場面で使われていて、何か気に食わないとか、口ゲンカの場面などでは反射的に「ケセッキ！」という。会話で口グセになっている者もいる。ただし下品な言葉なので女性は使わない。

こういう悪口言葉の〝効果〟というのは、その国の人しか実感できないものだ。卑俗語、卑猥《ひわい》語などは、日本でも国内では活字にすることがはばかられる。しかし外国人だと実感がわかない分、気楽である。外国人の特権（？）としてこの際、韓国語の〝楽習〟教材に使わせていただく。了解願いたい。

「ケセッキ」とは語源的には「イヌ（ケ）の子ども（セッキ）」という意味だ。イヌはかわいいし、子イヌはもっとかわいい。そんなかわいいイヌの子が、なぜ下品で卑俗なののしり言葉になるのか、これはちょっとしたミステリーである。

これについては筆者なりに調べた結果がある（角川新書『韓めし政治学』参照）。

つまりイヌが非難の対象になるのは、人が殺人などひどいことをやらかすと「イヌ畜生」といわれるように、人間的でないとか非人間の象徴として「畜生（獣、動物）」が存在して、そのもっとも身近な動物（畜生）がイヌだからだ。

そして動物（獣）というのは、人と違って相手構わず子をつくる。こういう存在が「畜生（獣）」であり、そうして生まれた「畜生の子」はもっと卑しい。そこから出てきたのが「ケセッキ」である。

ところが冒頭で書いたように韓国は今、空前のペットブームである。その結果、驚くような〝おイヌ様〟現象が起きている。お役所には「動物福祉課」ができ、人権ならぬ「動物権」なる言葉まで流通している。そして極め付きはペットを「パルリョ（伴侶）」というようになったことだ。

だからペットのイヌは「パルリョキョン（伴侶犬）」といわなければならない。

韓国ではこれまでペットは「エワン（愛玩《あいがん》）動物」で「エワンキョン（愛玩犬）」だったが、この言葉には動物をモノとして支配し、もてあそぶ感じという人間の利己主義があり、許せないとなった。今やペットは人の伴侶《はんりよ》＝パートナーだというわけだ。「エワンキョン」というこれまでの呼称は、おイヌ様、いやそのパートナーに失礼な差別語ということになってしまった。

素晴らしい動物愛護精神であり、時代の最先端を行く動物観である。今やペットのイヌは人間家族の一員となり、人間のパートナーとして「伴侶」になったのだ。にもかかわらず、人びとは「ケセッキ」などといって罵詈雑言に使っている。これは大いなる矛盾ではないのか？　伴侶に対する冒瀆《ぼうとく》ではないのか？

「韓国語から〝ケセッキ〟を追放すべきだ！」というのが筆者の韓国社会への重大提言というわけである。あちこちで言ったり書いたりしているが、いまだ反応はない。

「私はこの野郎です」

ところで悪罵の「ケセッキ」にはバージョンとして「セッキ」や「イセッキ」もある。「イ」は「これ」という意味なので文字通り「この野郎」である。「ケ（イヌ）」抜きの「セッキ」でも悪罵に変わりなく、韓国人は「ノム（やつ）」を付けて「セッキノム」などともいう。

「セッキ」「イセッキ」で思い出すのが日本人の「関《せき》さん」や「井関《いせき》さん」である。韓国で自己紹介する際、「私は関といいます」とか「井関です」というと韓国人は決まって「？」となる。あるいは笑い出す。「私はこの野郎です」みたいに聞こえてしまうからだ。

日本にはこの名前の人が結構いる。昔、日本の外務省には「伊関《いぜき》アジア局長」がいた。アジア局長といえば韓国担当である。韓国では結構、からかわれていたように記憶する。

それから、実はソウルの日本大使館の外交官にも同じく「井関さん」がいた。彼はこの話になるといつも苦笑していたが、それでも初対面の韓国人にはすぐ覚えてもらえるメリットがあるし、とくに酒席では人気者だと喜んで（？）もいた。

ここまで「ケセッキ」や「イセッキ」などと繰り返し書いてきたが、あらためてこの韓国語はあくまで下品な悪罵だということを忘れないでいただきたい。とくに韓国人がいる場では声に出さない方がいい。おとなの〝楽習〟の一環として面白がっていただくために、あえて紹介しただけである。

日本人の名前をめぐる笑い話については韓国人からよく聞かされる。井関さんのほかにも、代表的な名前である田中《たなか》さんも有名だ。「田中さんは釣りの名人だ」という。なぜなら「ター（すべて）ナッカ（釣る）」だからだ。赤木《あかぎ》、赤城《あかぎ》さんなんか大変である。おなら（屁《へ》）達者な人と思われているのだ。この名前が出ると韓国人はきまって「アッカキゴ（さっき屁ひって）、トキゴ（また屁をひる）だねえ」といって笑う。

逆に筆者が韓国人相手に「日本人にはこんな名前があるんだぞ」と自慢（？）することもある。その代表例が梶間《かじま》さんだ。これにはストーリーがあって話は少し長くなる。

まず「日本のプロ野球に昔、カジマというピッチャーがいてねえ……」から始まる。ヤクルトスワローズでリリーフ投手として活躍したのだが、彼が登板するといつもスタンドから大きな声援が湧く。ファンは彼の名前を大声で「カジマ！　カジマ！」というんだ、と。

すると韓国人は「?」という顔になる。韓国語で「カジマ」は「行くな」という意味になるからだ。

スタジアムで投手交代を告げる場内アナウンスが「ピッチャー梶間、ピッチャー梶間」とアナウンスする。するとベンチあるいはブルペンからおもむろに梶間が出てきて、ゆっくりマウンドに歩を運ぶ。その時、スタンドから期待と激励として「カジマ!　カジマ!」……と声が掛かるのだが、これが韓国人には「行くな!　行くな!」と聞こえるというわけだ。

「梶間、それ行け!」の場面で「行くな!」とはこれいかに?

ちなみにこの調子だと「羽島《はじま》さん」もまずい。「ハジマ」は韓国語では「するな」「やるな」「してはいけない」である。会社なんかで「羽島クン、これやってよ」ではさまにならない。韓国語的には「やるな、といいながらやってよ、とは何だ」である。

抱腹絶倒の韓国語小話

とにかく外国語は楽しく、面白く学ばなければならない。そうでないと意欲が出てこない。外国語学習は難しいだけに、面白さを探すことが必要なのだ。息抜きというわけではないけれど、ホッとするところがあった方がいい。そして人に紹介したくなるような言葉ネタが入手できればもっと楽しくなる。

そんなわけで、ここまで韓国語的にはいささか品のない「ケセッキ」の話をしてしまったのだが、ついでに、韓国人大好きの小話にかこつけ、さらに韓国語の面白さにはまっていただこうと思う。筆者お気に入りの傑作小話を紹介する。以下は間違いなく韓国語の話として理解していただきたい。

周知のように、米国には韓国人がたくさん住んでいる。移民や留学、ビジネスなどで渡米し、そのまま在米韓国人として住み着いている。彼らは家族主義が強いので、よく本国から家族や親類を呼びよせる。不法滞在者も多く、彼らは市民権獲得に一所懸命である。そんな在米韓国人をめぐるブラックユーモアみたいな話がある。

市民権取得など滞在許可をもらうためには当局の審査が必要である。その際、審査官は韓国人にいろいろ質問をする。一種の資格テストである。

ある日、審査を受けにきた韓国人に審査官は「ところで米国の初代大統領は誰か知ってるかね?」と質問した。市民権者としての米国に関する基礎知識である。韓国人もそれくらいは分かる。張り切って「ジョージ・ワシントンです」と答えた。

すると審査官は「そうだね。ではワシントン夫人の名前は?」と聞くではないか。そこまでは知らない。これは困った。答えが出てこない。その困り顔を見ていた審査官がおもむろに、にやっとしながらいった。「ポージー・ワシントンというんだよ」。

もちろん「ポージー・ワシントン」など実在しない。冗談である。審査官は相手が韓国人であることを承知でそんな悪い（？）冗談をいったのだ。

この小話の秘密は韓国人ならすぐピンとくる。あるいは聞いた瞬間、ドッと笑う。韓国暮らしが長い筆者もこの話を最初に聞かされた時、破顔一笑、うれしくなった。

ネタを明かせばこれは一種の艶笑《えんしょう》小話である。「ジョージ」と「ポージー」の男女話ということだが、実は韓国語では前者は男性のある部分で後者は女性の方を意味する。

韓国語でより正確にいえば前者は「ジャジ（あるいはチャジ）」で後者は「ポジ」なのだが、そこはアメリカでの話。そして韓国人の英語は日本人よりこなれた風があるので普通、彼らは「ジョージ」は「ジャージ」と発音する。

たしかに「ジョージ・ワシントン」より「ジャージ・ワシントン」といった方が本場風に聞こえ、カッコいいではないか。

ただ、在米韓国人が米国で羽振りを利かしているとはいっても、米当局者がそんな韓国語まで知っているかどうかは、保証の限りではない。在米韓国人社会の創作かもしれないが、そこは深く追及しないでほしい。

日本ではこういうのを〝下ネタ〟という。あくまで外国語だから活字にできるのだ。この二つの単語も決して人前で口に出してはいけない。とくに韓国人の前では絶対的にノーである。

文字ではともかく、口に出していえば人格を疑われること必至である。これはその種の日本語でも同じだろう。文字にしても外国のことだから可能なのだ。今回は「おとなの韓国語」として、そして文字のみで紹介したということで許していただきたい。

ところがこの話には続きがある。筆者自身が直接体験したことで、現場は韓国である。

ある時、先のワシントンの下ネタをある飲み会の席で紹介した。こんな話は仕入れるとだいたい黙っておれない。誰かに自慢たらしくしゃべりたくなる。

飲み会には日本人と在日韓国人で五人ほどいた。中に韓国人男性と結婚した日本人女性もいた。みんな中年以上で気がおけない雰囲気だから、座はあることないことの放談会である。そんな場なので、筆者も張り切って〝米韓小話〟を披露し人気を得た。みんな韓国暮らしが長い韓国通だから韓国語はよく分かる。

筆者のワシントン話でドッときた後、韓国人男性と結婚している日本人妻が「そういえばウチでもこんなことがあったんですよねえ……」としみじみした口調で切り出した。

彼女によると、ある日、家で洗濯の準備をしている時のことだった。家族の洗い物を洗濯機に入れながら、そばにいた夫にこういったという。

洗い物には夫のワイシャツや靴下などに混じってスポーツウエアもあった。そこで夫に何気なく「あなたのジャージも古くなったわねえ。新しいものにとっかえましょうよ……」と。日本ではスポーツ着のトレーニングウエアの「ジャージー」のことを「ジャージ」などというが、夫はこれを聞き「エーッ、おれのジャジが古くなったって⁉」と飛び上がって驚いたというのだ。しかもとっかえたい、だって！

彼女によると「韓国では夫の前ではジャージーは絶対ノーなんですよねえ」とのことだった。

会話の事実関係は不明である。真面目な表情で淡々と語っていたけれど、作り話かもしれない。しかしこれはワシントン小話への見事なフォローだった。これまた真相追及は野暮である。

日本人はキムチでからかわれる

以上は韓国語を笑いのネタにしたものだが、笑いといえば、韓国では日本人の韓国語を笑いものにすることがよくある。というか、いかにも日本人風の韓国語であることを強調して日本人をコケにするのだ。

言葉をめぐるこの種のことは日韓の間だけではなく、世界各国にある。そこで、人種差別とかなんとかという深刻な問題ではなくて、むしろユーモアであり親近感の表現だと理解して紹介する。そしてこれは韓国語の発音に関係しているため、韓国語学習には格好の〝教材〟でもあるのだ。

まず韓国イメージのシンボルのような「キムチ」のことから始める。

韓国語的にいって「キムチ」のことはこの日本語の片仮名による表記から引っかかってくる。韓国語本来の発音からすると必ず「キムチ」でなければならないからだ。「ム」と小文字になっているのは、母音の「ウ（u）」が付いた「ムウ（mu）」ではなく単に子音の「m」だという意味である。

つまり日本語の単語にはほとんど母音が付いているため、日本人は決まって「キムチ（kimu chi）」と母音付きで発音する。本来は「キムチ（kim chi）」だが、日本人にはこれが苦手だ。そこで映画やドラマでは、登場人物を日本人として際立たせたい時は決まって「キムーチ」と「ウ」にアクセントを付けてしゃべらせる。

韓国語の単語には「キム（kim）」のように子音で終わる単語がある。これは韓国語学習の必須事項なのだが、韓国人は日本人がその子音の発音ができないといってからかうのだ。

同じく韓国人が日本人をからかう韓国語に「ムニダ」や「ムニカ」がある。「キムチ」と同じように子音の「ム」の問題である。

第二章では「ありがとう」や「すみません」などのところで「ハミダ」と書いたのだが、これは日本人には子音で終わる発音が苦手なため、あえて「ム」はいわずに「ミ」といってしまった方が韓国人の耳には分かりやすいと考えたからだ。

つまり「ありがとう」は本来は「カムサハムニダ」で「すみません」も「ミアンハムニダ」である。ところが韓国ドラマに登場する日本人は決まったように「カムサハム、ニダ」「ミアンハム、ニダ」といわされるのだ。疑問形は「……ハムニッカ？」だがこれも「……ハム、ニッカ？」という。やたらに「ム」が強調されるのだ。

「ムニダ」「ムニカ」は日本人の間違った韓国語発音の象徴にされている。

そこで、からかわれるのもしゃくだということで思いついたのが「ム」抜きの「ミダ」である。面倒な「ム」はいわずに「カムサハミダ」「アンニョンハシミッカ？」といった方が韓国語らしいというのが、筆者の経験である。「カムサ（感謝）」の「ム」が小文字にしてあるのは、母音が付かない子音だけの発音という意味である。

結局、韓国人にとってほとんどが母音で終わる日本語が珍しいのだ。そのため英語についても、日本人は英語が下手だといってよく冷やかす。これも子音の問題である。日本人は英語の外来語を日本語風に母音を付けて発音するので、それを韓国人は笑う。

たしかに子音が発音できる韓国人は英語にも強い（?）。日本人は「ハンバーグ」だが韓国人は「ヘンボゴ」だし「ホットドッグ」も「ハットッ」である。いずれも韓国人の発音の方が本場風ではないか。英語系外国人はその方が正確に聞こえるという。

この本場風英語をめぐっては深刻なエピソードがある。以下は実話である。ソウル駐在の日本人ビジネスマンから聞いた話で、ゴルフ場で起きた意外なトラブルのことである。

コースの最後でグリーンにオンしパッティングになった時だった。インを狙ってパッティングしたのだが、生憎《あいにく》ボールはピンをはずれてしまった。その瞬間、ボールを持ってそばに立っていたキャディが「ヘタッ！」と声を上げたという。

インを逃し残念しごくのビジネスマンはその声を耳にした途端、キャディを振り向き「下手とは何だ！」と声を荒らげ怒った。叱られたキャディはきょとんとした表情で首を傾げ、雰囲気が険悪になりかけた。

そこに韓国語が分かる同僚がやってきて事情を聞き、真相が明らかになった。キャディは「下手！」といったのではなく、よく使う英語のゴルフ用語である「ヘッドアップ」を韓国人らしく本場風に「ヘダップ」といったのが、日本人ビジネスマンには「下手！」と聞こえたのだ。

キャディはむしろ親切心でそういったのだが、韓国人の本場風英語に慣れないビジネスマンが、パッティング・ミスの心理もあり誤解したのだった。

韓国人は日本人の英語を笑うが、日本人だって英語をしゃべる時はそれなりに英語風にしゃべる。問題は、日本語化した英語外来語が母音付きになっているということにすぎない。それをもって英語が下手といわれるのはしゃくである。お返しすれば、韓国人だって日本語になった英語外来語を結構、そのまま使っている。たとえばタイヤのパンクという和製英語を、今でもハングル書きでわざわざ「パンクゥ」と母音付きで表記しているのだから。

「ワダシはカンゴクから来ました」

「売り言葉に買い言葉」みたいになるが、逆に韓国人の日本語もまた面白い。ここでそのことを紹介するが、それは〝お笑いリベンジ〟ということではなくて、韓国語学習のために韓国語の特徴をしっかり理解していただくためである。

本筋の前にまず肩の力を抜いていただく。以下は日本滞在が長かった年輩の韓国人ジャーナリストが、彼らの間での笑い話として語ってくれたエピソードである。

日本にやってきた韓国人は日本人相手に自己紹介する際よく「ワダシはカンゴクから来ました」というそうである。このように「韓国」が「監獄」に「私」が「和田《わだ》氏？」になってしまうのは、韓国語では単語の途中の音は濁る場合が多いからだ。あるいは「ビール」もダメで「ピール」になってしまう。さらに濁音は語句の頭にはこないというのも韓国語の発音の特徴だ。したがって韓国人には日本語の「ダメ（駄目）」は「タメ」になり、「原稿」も「ケンコ（健康）」になってしまうのだ。

韓国語の発音の話は後でも触れることになるが、韓国語では濁らない清音と濁音、半濁音の区別があいまいなのだ。「タ」と「ダ」のほか「カ」と「ガ」、「プ」と「ブ」なども区別がなくて文字では同じになっている。

また「ザズゼゾ」の音も韓国人には難しく、日本語の「全然」を発音すると「ジェンジェン」になってしまう。「これじゃジェンジェン、タメね」である。

それに「ツ」もうまく発音できない。多くの場合、「ス」になってしまうので、韓国の「トンカツ」は正式には「トンカス」になっている。それでも時に「トンカズ」とか「トンカチュ」といったメニューも見かける。筆者の名前の「カツヒロ」も韓国では「カチュヒロ」「カズヒロ」「カスヒロ」とさまざまに表記されるが、本人は「カスヒロ」系を使っている。実際は「ズ」と「ス」の中間あたりなのだが。

トンカツ屋の看板は「カチュ（가츠）」になっている

こちらの店は「トンカス（돈까스）」

やはり外国語の発音というのはそう簡単ではない。それを片仮名で説明しようとするとひと苦労だ。したがって発音の詳細は後回しにするとして、最後にその口直し（?）で韓国語の楽しい発音を紹介しておく。「韓国語ではこうなんだって……」といって人にいいたくなるようなネタだ。

日韓は〝一衣帯水〟といって地理的にごく近いのに、なぜこんなに違うんだ？　という話だが、たとえばイヌは日本では「ワンワン」とほえるが韓国では「モンモン」とほえるとか。英語では「バウバウ」だけれど。で、日本でよくいう「ワンちゃん」のような愛称はないかと探したら、あった。幼児語風に「モンモンイ」という。「ケセッキ」だけではイヌも可哀そうだ。

日本では「コケコッコー」のニワトリは韓国では「コッキヨー」と鳴くのでこれは似ている。「モー」のウシは韓国では「ンメー」などとヤギみたいな声を出す。

動物以外の方がもっと面白い。たとえば日本では雪は童謡の歌詞にもあるように「コンコン」と降り、韓国ではどういうわけか「ポンポン」と降る。風邪を引くとセキが出るが、日本では「ゴホンゴホン」といささか重たいのに、韓国では「コルロコルロ」と軽やかなのだ。

爆発もまた日本では「ドカン」と強烈だが、韓国では「クヮン」だからあまり怖くない？ ただ、これは前述のように濁音の問題があってカとガがあいまいだから、日本語にするなら実際は「グヮン」と書いた方がいいのかもしれない。

最後の最後はほほえましく終わりたい。日本では口付けを「チュー」というが韓国では「ポポ」という。これは日本語の方が若干、即物的な感じなのに対し韓国語の方は軽妙である。かわいらしさという点で「ポポ」に軍配を上げたい。ただ、男女の深刻なキスは「ポポ」とはいわない。はて、アレは何というのかな？

第四章

ハングル酔いはこうして解消

ハングルはエキゾチックだ

韓国に時々やってくる日本の友人がこういったことがある。「韓国にくると〝ハングル酔い〟するんですよねえ……」と。

いいえて妙である。人びとの風情や街の雰囲気、それに気候もそうだが、韓国と日本あるいは韓国人と日本人は、かなり似たところがある。ところが街を歩くとハングルだらけである。これが目に入るとどこか落ち着かなくなる。何かとっかかりがなく、よそよそしく感じられる。コミュニケーションを拒否されたような気分というか。

しかしこのことを裏返せば、ハングルがあふれているからこそ、韓国を外国と感じることができるのであり、エキゾチック（異国的）なのだ。異国としての韓国の面白さはとりあえずハングルにあり、なのだ。ハングルで悪酔いするか、それとも心地よくほろ酔いするか。以下、ほろ酔いを楽しんでいただくための処方である。

外国語の文字ということでは、漢字の国・中国に出かけてあの簡体字を目にすることと似ている。簡体字は日本人が使っている漢字とどう違うのか、どこをどう簡単にしたのか、日本人にとってはナゾ解きのようなもので大いに戸惑う。いささか酔っぱらう。しかしあれを目にしてこそ〝現代中国〟を実感できる。中国は漢字を簡体字にしたことであらたにエキゾチックになったといっていい。

韓国語学習のためには、まずハングルをエキゾチックだと面白がっていただきたい。それにハングルは外国文字のなかでは意外（？）にエキゾチックの度合いが高くて、いっそう面白い。

学校教育などで長く慣れ親しんできた英語文字というかローマ字は別にして、ほとんどの外国文字は日本人にとっては見慣れないので難しいと感じる。思い付きでいえば、タイの文字やアラビア文字など実に複雑で難しく感じるし、あれはどのように覚えて、そして自由自在に書けるにはどうするのだろう？　と余計な心配をしたくなるほどだ。

あるいは日本の平仮名だって、欧米人をはじめ外国人には相当とっつきにくいに違いない。しかしどんな外国文字でもその国の人びとはちゃんと覚え、子どもをはじめみんな使いこなしている。当然のことだが、それは慣れからきている。したがって外国人が他国の文字を身につけるには、慣れが必要なのだ。

ではエキゾチックな外国文字であるハングルにいかに早く慣れるか。

学んでみて感じたのだが、ハングルは外国人には比較的慣れやすく、覚えやすい文字だということだ。それには理由がある。まずハングルという文字の成り立ちや由来からそれがいえる。このことを知るとハングル学習のハードルは低くなり、とっつきやすく、やる気が出る。

簡単にいえば、ハングル文字はもともと人為的に作られた文字であり、誕生したのは15世紀半ばと新しい。日本で漢字を崩したかたちの平仮名や片仮名が、いわば自然発生的に生まれたのが平安《へいあん》時代の8、9世紀ごろといわれているから、それに比べるとハングルは、歴史的にはきわめて新しい文字ということになる。

この「人為的に作られた新しい文字」というのが、外国人にとってハングルが学びやすい最大の理由である。

歴史をおさらいすれば、日本も韓国も当初は文字がなかったわけだが、中国で生まれた漢字がもたらされることで、言葉の表記に漢字が使われるようになった。

漢字は文字一つ一つに意味がある表意文字なので、日本も韓国も当初の文字表現は中国語のいわゆる漢文だった。自分たちの言葉を漢字の意味に置き換え、漢文（中国語）にして文章化したのである。しかしこれでは外国語である。

そこで当然、自分たちが話している言葉をそのまま文字にしたいと思う。漢字を意味ではなく、その発音（中国語風の漢字音）を利用して、自分たちの言葉の発音にあてはめて表記しようと考えた。

日本ではそれが『万葉集』に見られるような、漢字で日本語の「い、ろ、は……」を表記したいわゆる〝万葉仮名〟である。たとえば「いろは……」は「以呂波……」と書くというように。そしてこのように音としてだけ使われる漢字を崩したものが、後に平仮名になったのである。片仮名も漢字の一部を切り取ってつくられている。日本人は表意文字の漢字を元にして、表音文字の仮名を作ったのである。

ガイドブックの「ソウル」の漢字表記

韓国語においても当然、日本の『万葉集』のように、韓国人が昔から使ってきた固有の言葉を漢字の音で表記する方法が生まれた。学問的には「借字表記法」と呼ばれているようだが、これが韓国では漢文と共に長く使われ、それは李朝時代（14～20世紀）まで続いたという。

この方法でいえば、地名など固有名詞は文字がなかったわけだから、それを漢字の音で表すことになる。分かりやすい例でいえば、韓国の首都「ソウル」にはもともと漢字はなかった。しかし人びとは首都を「ソウル」と呼んでいても、文字では「漢陽」とか「漢城」と表記していた。首都の意味（！）を漢字で表したのだ。

その後、ハングルが生まれることによってハングル文字で「서울」と表記できるようになり、現在、そうしている。

ところが中国では韓国の首都名は以前から漢字名の「漢城」で表記され、それはつい最近の20世紀末まで続いた。中国では当然、漢字発音で「ハンチェン」と呼ばれ「ソウル」は存在しなかったのだ。これに対し韓国政府は1992年の中国との国交樹立に際し、中国政府に対し首都の呼称を「漢城」ではなく「ソウル」にしてほしいと要請した。

ではこの韓国固有の言葉を漢字でどう表記するか？　双方の当局者が話し合った結果、「ソウル」に漢字の音をあてて「首爾」にすることとなった。「首」は中国語音が「ソ」に近く、かつ「首」が付いているので「首都」のニュアンスにふさわしいからだ。「爾」の字は旧満州《まんしゅう》・黒竜江《こくりゅうこう》省にある「ハルビン（哈爾浜）」の「ル（爾）」である。

この「首爾」がしばらく使われていたのだが、後に「爾」が簡体字に変えられ「首尔」になった。現在、韓国のガイドブックや街頭の表記ではすべて「首尔」になっている。

固有の言葉を漢字で表記するというのはこういうことだが、日本では比較的早く平仮名、片仮名を作り出したため、固有語を漢字以外で表記することが韓国よりは早く進んだことになる。

これに対し韓国では、15世紀になってまったく新しい独自の文字であるハングルを作り出すことで、固有の言葉をハングルで表記できるようになった。そのハングル文字が実に独創的なのだ。

「無知な民」の言葉が難しいわけがない

ハングル文字は漢字を崩した日本の平仮名、片仮名とはまったく違って、単に丸と棒の規則的な組み合わせでできている。丸と棒というのは「天と地と人」を意味し、いわば万物をまとめる宇宙の象徴というわけだ。丸は天で、横の棒が地、縦の棒が人、を意味している。そしてそれが組み合わさった形は、発音する時の口や舌、唇の形になっているというのだから、面白い。

丸と棒の組み合わせという単純さと、発音の仕方がその組み合わせで示されているというアイデア。これが他の外国文字にはないハングル文字の独創性であり、興味深い面白いところである。

15世紀にハングル文字が作られ公布された時、その文字の動機や意味合いなどを記した世《せい》宗《そう》大王の手になる『訓民正音』という文書がある。序文にはこう書かれている。原文はもちろん漢文だが、意訳すると以下のようになっている。

「わが国の語音は中国と異なり、漢字のみではお互いの意思がうまく通じないので、無知な民が何かを記そうとしても、その意を文字で表現できないことが多い。予はこれを不憫《ふびん》に思い、新しく二十八文字を創って、人びとがたやすく習い使うようにして、日常の便宜に役立たせようとするものである」

ハングルを作った世宗大王自身が、この文字は〝無知な民〟でもたやすく習い、使うことができる文字だといっているのだ。これは実にありがたい話である。というのは、外国語を習おうとする外国人はその〝無知な民〟と同じようなものではないか。そんな者のために作られたのがハングルというわけだから、難しいわけがないのだ。

ちなみにハングルという文字のことは、当初は「訓民正音」といわれた。「民に正しい発音を教える」という意味で、言葉を発音通りに正しく表記するための文字といおうか。そして「ハングル（한글）」という言葉は後世に名付けられたものだが、「大きな、偉大な」という意味の「ハン」と「文字、文章」を指す「クル」からきている。

このようにハングルは、丸と棒を組み合わせた記号のように簡単な文字である。「無知な者」でも習いやすく、使いやすく作られている。それでも難しいとか、覚えられないなどといったのでは、世宗大王に申し訳ないことになる。
ハングルは当初、28字あったが現在は24字になっている。基本になる母音が10個で子音が14個の計24文字である。英語のアルファベットが26文字だからそれより少ない！　したがってローマ字や英語を習い、覚えたことを考えれば、ハングルを覚えることはそれほど難しい話ではないと思えばいい。後は慣れだけである。

自慢のハングルもFとVはダメ

そこでとりあえず基本の24文字を紹介しておく。まず基本母音10個は次の通りだ。

아（ア）
야（ヤ）
어（オ）
여（ヨ）
오（オー）
요（ヨー）

우（ウー）
유（ユ）
으（ウ）
이（イ）

母音としてはこのほかに、組み合わせによるものがいくつかある。에（エ）애（エェ）예（イェ）외（ウェ）와（ワ）워（ウォ）위（ウィ）……などがそうだが、ここでは深入りしない。

次は子音の基本14文字。カッコ内に発音を示すローマ字音を併記しておく。

ㄱ（kあるいはg）
ㄴ（n）
ㄷ（tあるいはd）
ㄹ（r）
ㅁ（m）
ㅂ（pあるいはb）
ㅅ（s）

ㅇ（ngあるいは発音しない）
ㅈ（jあるいはz）
ㅊ（ch）
ㅋ（kh）
ㅌ（th）
ㅍ（ph）
ㅎ（h）

この子音にもいくつか変形がある。それぞれの文字を二つ重ねたㄲ、ㄸ、ㅃ、ㅆ、ㅉがあり、これは韓国語の発音が日本語と比べて多様であるということを意味する。つまり基本子音でも音の強弱によってㄱとㅋ、ㄷとㅌ、ㅂとㅍの違いがあり、さらに別の変形音もあるというわけだ。

それだけハングルは多様な発音を表記できるようになっているのだと、韓国人は自慢する。それはその通りなのだが、発音が比較的単純な日本語になじんだ日本人はいささか戸惑う。端的にいって、日本語は「オ」も「ウ」も一つの発音でOKだが、韓国語は複数あるのだ。

余談だが、韓国人のハングル自慢には「ハングルで表せない音はない」というのがある。

しかしこれはいささかオーバーだ。英語というかアルファベットで唇をかむようなF（エフ）やV（ブイ）の音は日本人同様、韓国人も苦手で、ハングルにもない。

そこで日本人はFをHにして発音するが、韓国人はPにし、ハングルでもそう表記する。したがって韓国では「ワンダフル」は「ウォドプル」だし「ビュッフェ」は「ブペ」といい「コーヒー」は「コッピ」である。Vは日本人と同じくBに発音する。

ハングル文字の独創性ということで、文字の形は発音する際の口や舌、唇の形に由来すると書いた。これを詳しく説明するには、口の内部構造など解剖図のようなものが必要になるので、ここでは文字を見ながら想像していただくしかない。

少しだけ例を挙げれば、たとえばㅁ（m、ム）の場合は唇を閉じた形であり、ㄴ（n、ヌ）は口の中で舌が上にくっついた形というわけだ。実際に試してみてほしい。こういう発想の文字は世界的にも珍しい。

ハングルで自分の名前を書いてみよう

ハングルになじむためには、文字を組み合わせて簡単な言葉を表記してみるのが一番いい。ハングルは英語のアルファベットと同じように音を記す表音文字である。したがって日本語でローマ字文を書くように、母音と子音をくっつければいいのだ。

そこでもっとも簡単にやれるのが名前のハングㇽ表記である。筆者は「くろだ（KURODA)」だが、これにハングㇽをあてはめると、「く」はㄱ（k）＋우（u）で「ろ」はㄹ（r）＋오（o）で「だ」はㄷ（d）＋아（a）という組み合わせで「구로다」となる。ㅇのところには子音が入る。

日本語は母音で終わる言葉がほとんどだから、ハングㇽ表記にすればきわめて簡単である。巻末のハングㇽ表などを参照しながら自分の名前をぜひ書いてみてほしい。

一方、韓国語は子音で終わる言葉が多い。その場合、たとえば大統領でいえば文在寅は「ムンジェイン」なので、ㅁと우とㄴ（ムン）に、ㅈと에（ジェ）、それに이とㄴ（イン）を組み合わせ「문제인」となる。

また朴槿恵は「パㇰクンヘ」だから、ㅂ＋아＋ㄱ（パㇰ）と、ㄱ＋으＋ㄴ（クン）と、ㅎ＋예（ヘ）で「박근혜」である。

「朴（パㇰ）」のように子音で終わる時は母音がないので、子音のㄱについては片仮名表記の際は小文字のㇰにした。日本人として分かりやすくするために、他の場面を含め本書ではそうしてある。

ハングㇽになじむためには、先に例を示したように、発音が簡単な母音付きの日本語をハングㇽ書きにするのがいい練習になる。自分を含め人の名前はすぐ書けるし、そこからハン

東京は도쿄	大阪は오사카	京都は교토
横浜は요코하마	新宿は신주구	羽田は하네다
渋谷は시부야	広島は히로시마	福岡は후쿠오카
仙台は센다이	沖縄は오키나와	富士山は후지산
阿蘇は아소	琵琶湖は비와코	

グルに対する親近感が生まれ、励みになるという思いからだ。

これまで筆者は、ハングルに初めて接する日本人に対し、ハングルの面白さやその仕組みを説明する時、まず自分の名前をハングルで表記することを勧めてきた。初めての人が自分の名前をすぐハングルで書けるというのは、大きな喜びであり、ハングルへの好奇心のスタートになる。書けたということは読めたということでもある。

日本語からハングルの文字の感覚をつかむ

ハングル読み書き練習問題としては、自分の名前のほか地名や簡単な単語でやってみるのもいい。たとえば地名だと上記のようになる。

こうした日韓対称を通じハングルになじんでほしい。実に簡単ではないか。少しなじめば、今度は逆にして字解きをやるのもいい。たとえば次ページのように。

以上は日本語に対応させてハングルになじみ、覚えるというやり方で

야마（やま）	가와（かわ）	소라（そら）
아메（あめ）	유키（ゆき）	미주（みず）
호시（ほし）	사까나（さかな）	우시（うし）
부타（ぶた）	이누（いぬ）	구루마（くるま）
후네（ふね）	파친꼬（パチンコ）	사시미（さしみ）
수시（すし）	우동（うどん）	사케（さけ）
라멘（ラーメン）		

ある。これは日本語の「いろは……」や「あいうえお……」をハングルで書いてハングル文字の感じをつかむという方法である。そこで日本語の「あいうえお……」をハングル表記にしてなじんでいただこうと思う。

「あいうえお」は아이우에오でいい。

「かきくけこ」は카키쿠케코が近いが가기구게고や까끼꾸께꼬もそれに相当する。

「さしすせそ」は사시수세소だ。

「たちつてと」は基本は타치츠테토だが따찌쯔떼또でもいい。

「なにぬねの」は나니누네노である。

「はひふへほ」は하히후헤호である。

「まみむめも」は마미무메모となる。

「やいゆえよ」は야이유에요がいい。

「らりるれろ」は라리루레로だ。

最後の「ん」は日本語ではnとngの区別はないが、韓国語でははっきり区別されていて二種類ある。ハングルではㄴとㅇの発音は違う。これを混同すると意味が違ってくるので、日本人には悩ましい部分ではある。その区別の仕方は後章で紹介する。

繰り返すけれど、ここではハングルというエキゾチックな文字にまずいかになじむかという話なので、発音には深入りしない。つまりここまで書いてきたことは、ハングルを書いたり、見たり、読んだりすることでまず文字そのものに慣れようという話である。

ところで外国語の勉強には「読み書き」と「聞くしゃべる」がある。前者は目で見ることだが後者は耳と口を使うことだ。そのため本で外国語のことを学ぶとなると、どうしても「読み書き」中心ということにならざるをえない。

韓国語というかハングルもそういうわけで、まず読み書きで慣れていただこうとしている。とくにハングルという珍しい文字は、聞くしゃべるに先だって、目で見て慣れ親しむことが先決である。

もちろん言葉というのは、聞くしゃべるが先にあって文字は後で生まれたものだ。したがって子どもを見れば分かるように、人は言葉を文字ではなくまず耳と口で覚える。しかしその場合、時間がかかるし、何よりもその言葉が常時、耳に入る環境にいなければうまくいかない。そこで外国人が外国に行かずに外国語を知ろうとすれば、やはり目による読み書きから入らざるをえないのだ。

日本人にとって韓国語やハングルというのは、以前はごく少数者だけの関心であり、外国語としてはメインな存在ではなかった。日常的に接触するものではなかった。しかし国際的に韓国の存在感が大きくなるにしたがい、韓国語やハングルの環境にも大きな変化が生まれた。

日本での風景でいえば、たとえば韓国人の日本訪問や滞在が増えた結果、街で韓国語の会話を耳にするようになり、ハングル書きの案内表示も目に入る。さらに映画やドラマ、歌謡などを通じたいわゆる〝韓流ブーム〟で、韓国語への接触機会が多くなった。

スーパーをはじめ韓国食品の流通が増え、ハングル表記の商品もよく目にするようになった。以前、日本に一時帰国のおり、自宅近くのスーパーに出かけたところ、キムチの商品表示がわざわざ手書きのハングルになっていた。ハングルを印象付けることで、客の目を引き、売り上げ増につなげるという作戦なのだろう。

一時帰国時のよくある目撃風景では、羽田《はねだ》空港の出迎え場面で韓国の芸能人に対し日本のファンたちは、いつもハングル書きの紙を手に歓迎の列を作っている。韓国語あるいはハングル学習にある種の〝決意〟を要した筆者のようなオールドジェネレーションには、まさに隔世の感である。

こうした日本における韓国語およびハングルを取り巻く環境の大きな変化の中で、あえてエキゾティシズム（異国情緒）を強調し、ハングルになじんでもらおうというのは、筆者にとってはなかなか悩ましい作業である。それでも物事には何でも初めてがある。初めてだったり、独習だったりにはやはりエキゾティシズムのようなとっかかりが必要なのだ。

「南男北女」の秘めやかなささやき

ここまでハングルの面白さ（？）を目で見る文字で紹介してきたが、先に指摘したように言葉には「読み書き」のほかに「聞くしゃべる」がある。そこで以下では耳と口によるハングルあるいは韓国語の面白さを探ってみる。

今でこそ日本でもハングルの発音は、映画やドラマ、歌謡はもちろん、ネットを通じた韓国の放送などでいくらでも自由に接することができる。しかし以前はそうはいかなかった。映画やドラマ、歌謡はビデオテープやカセットテープを買って見聞きするか、放送では韓国や北朝鮮からラジオの短波放送で送られてくる声を聞くしかなかった。

そんな時代のエピソードでいえば、北朝鮮が短波放送で送ってくる宣伝放送の女性の声が好事家の間で人気だった。秘めやかな、ささやくような声で、何か呼びかけるように語るのだ。朝鮮半島をめぐっては伝統的に「南男北女（ナムナムプンニョ）」という言葉があって

「女性は北の方がいい」と信じられていたので、北の女性の声にはどこか思い入れがあったのだ。

今もよくテレビで紹介される北朝鮮のテレビのおばさん風アナウンサーは、いつも威張った声でニュースを読み上げ、どこか怖い感じのハングル音だが、昔の短波放送の声は魅力的だった。その秘めやかで流れるような声をハングルの魅力と思った。

ところが一方で、短波放送の北のニュースを聞いてそれを翻訳する仕事をしていた研究者がいた。彼はあの威張ったような押しつけがましい声を毎日聞いていて、とうとう病気になったという話がある。北からのハングル音も聞きよう使いようである。

筆者は1970年代の韓国語学留学の際、下宿にいる時はラジオをつけっぱなしにし耳を傾けていた。下宿生がテレビを見られる時代ではまだなかったからでもあるが、ハングル音に慣れるには、耳を集中させるという点でラジオがもっとも効果的だった。

そして韓国の深夜放送でも毎日、女性アナのささやくような声が流れる。これがまたハングル音の魅力そのものだった。どの外国語でも女性がささやくように語れば美しく聞こえるだろう。ただ、それがエキゾチックなハングルの音ということで、初心者にはことのほか美しく魅力的に聞こえたのだ。

韓国語はケンカ腰である

ところが韓国語＝ハングルを学ぶにしたがって、発音についてある重要なことに気付いた。とくに日本人にとってそうなのだが、これは学習上、避けて通れない、いや避けてはならないことなので早めに書いておく。

つまり韓国語というかハングルの発音には、日本語にはない音がいくつかあって、日本人はそれを意識して覚え、ちゃんと発音しないと韓国語がうまくならないのだ。なかでも難関は「激音」といわれる発音のことである。そのことをここで簡単に、かつ面白く紹介しておく。

「激音」とは文字通り「激しい音」のことで、ハングルでいえばㅊ、ㅋ、ㅌ、ㅍである。日本語の片仮名で書けば「チッ」とか「カッ」「タッ」「プッ」……といった、ツバを飛ばし、時にノドの奥から、あるいは舌を打つように、または唇を破裂させるように強く出す音のことだ。日本人の日常の言葉にないという意味で、文字通りエキゾチックな発音である。

したがって韓国語＝ハングルは、実は意外に激しく、強い言葉なのだ。先に紹介した、深夜放送の女性アナのささやきとは逆のイメージである。

たとえばそれは、舞台で歌う歌手の顔がテレビの画面にアップされるとよく分かる。口元からは細かなしぶきが激しく噴き出されている。そして韓国のドラマや映画で登場人物たちの会話が、いつも怒っているようだったり、争っているように聞こえるのも、そうしたハングルの語感のせいなのだ。

この「激音」の練習では必ずやらされたことがある。ティッシュを口の前にぶら下げ、それが揺れるように息を吐き出せというのだ。弱いと紙は揺れない。揺れるまでカッとかプッとかチッ……を繰り返すのだ。そんな牧歌的（？）な手法で学ばされた。これは自宅で一人でやれる。

この「激音」をきっかけに韓国語の極意を実感した。韓国語は筆者のような関西育ちには向かない。あれは関東、なかでも上州《じょうしゅう》（群馬県）あたりの人にピッタリだ。韓国語は関西人のように「アホやなあ！」ではなく、上州弁の「バッキャロ！」の感覚で学ばないといけない、と。これは女性の場合、もっと要注意である。日ごろ優しくソフトな物言いが評価される日本女性は、同じ調子で韓国語をしゃべると聞き取ってもらえない。いささか大げさにいえば、ケンカ腰のつもりでしゃべるくらいの決意（！）が必要なのだ。

韓国語はハングルの母音でも分かるように、口の形をはっきりして発音しないと意味が違ってくる。さらに子音の種類で分かるように、強く激しく発音しないと聞き取ってもらえない。筆者は今でも会話や討論、スピーチに際し「あ、ここは激音だ」と意識しながら発音している。

つまり日韓比較でいえば、日本語は韓国語に比べるとソフトなのだ。語尾をあいまいにしても通じる。口の中でモゴモゴいっても問題ない。しかし韓国語は違う。したがってわれわれ日本人が韓国語をしゃべる時は、意識してでも大きな声ではっきりしゃべるということを忘れてはならない。

だから韓国語＝ハングルは、とくに日本人にとってはきわめてエキゾチックということになる。異質さの確認は外国語学習の楽しみの一つである。

第五章　このひと言で韓国語の達人

「アイゴー」は魔法の韓国語フレーズ

筆者には韓国暮らしで大いに重宝している〝隠しカード〟がある。いや隠しているのではなく、あまりにしょっちゅう使うので便利カードといった方がいいかもしれない。使い過ぎで今や口グセになっている。一時帰国で日本に行ってもそれが出てしまうため、あちこちで「ん？」という顔をされる。

もちろん韓国語の話である。その韓国語は「アイゴー」である。

ハングルでは「아이고」と表記する。

実はこの言葉さえ知っていれば韓国人になったような気分で、気楽にかつ面白く生活できるのだ。韓国語を面白く学んで楽しむためには、これほど都合のいい言葉はない。しかもわずかひと言である。発音も難しくない。

とくに初歩学習者や独習者にとってはおススメのひと言である。一人でどこでも勝手に使えるし、自宅で四六時中、練習できて韓国語の実感を楽しめる。先に書いたように、日本では外出して使うと「ん？」という場合があるが、家の中で一人あるいは家族がいるところで使えばまったく問題ない。逆に面白がられるだろう。

筆者は韓国を訪れた日本のお客さんには必ず「アイゴー」を教える。「このひと言だけ覚えて過ごしてください。いつでも、どこでも自由に使えるひと言です」と。するとみんな面白がってすぐ使い、その効果を実感する。

そうしたお客さんの中にあるグループ旅行の人たちがいた。帰国した後、お礼のメッセージが届いた。韓国滞在中、みんな「アイゴー」を使いまくり、その効果抜群に感激したというのだ。そして帰国後、一同で「会合会（アイゴー会）」を作り親睦《しんぼく》を楽しんでいるということだった。実にうれしい便りで、こちらも感激した。


以下、この魔法のような韓国語「アイゴー」について詳しく紹介する。

「アイゴー」という言葉は日本でもそれなりに知られてきた。その証拠に日本ではわざわざ「哀号」という漢字をあててきた。なぜこうした漢字をあてたかというと、韓国人は人が亡くなるなど悲しい場面では、決まって「アイゴー、アイゴー……」と声を出して泣き、嘆くからだ。

韓国人は感情に率直だといわれ、悲しみ方も率直だ。とくに死者に対しては大きな声を出して悼む。つまり「号泣」である。それがもっとも強く表れるのは家族が亡くなった葬儀の場面だが、そうした悲しみの場面で発する「アイゴー」という号泣の声は、外国人にはきわめて印象的である。

韓国人の悲しみの風景は葬儀もさることながら、日常的には事故の場面でもしばしば目撃できる。犠牲者多数の大事故の場合は、ニュースとなって海外にも伝えられる。テレビ映像で伝えられる彼らの激しい悲しみの様子は、海外でも目を引く。

「アイゴー」はこのように悲しみ、哀しみの号泣として印象的であるため、日本では「哀号」という漢字をあてたものと思われる。ただ、この「哀号」論はあくまで筆者の韓国語面白がり方である。

韓国語には「哀号」という漢字語はない。この漢字を韓国語読みすれば「エホ」だが、そんな言葉はない。日本語の大辞書『広辞苑』には「悲しんで泣き叫ぶこと、その声」とだけ出ていて韓国語ルーツとは書かれていない。日本で生まれた日本語ということのようだが、「アイゴー」を「哀号」とすれば実に絶妙ではないか。

ところが「哀号」という漢字の影響もあってか、日本では「アイゴー」はもっぱら悲しみの際の嘆きの言葉と思われてきた。前述のように、悲しみの場面で多く使われるということは間違いないが、しかし実際はもっと幅広く、多様に使われているのだ。むしろ日常生活の潤滑油（！）のような言葉になっているというのが、筆者の「アイゴー礼賛論」である。そのことを紹介したい。

喜びにも悲しみにも万能

「アイゴー（아이고）」は感嘆詞の一種である。何かに驚いた時に発する簡単な言葉なのだ。驚きは悲しい時だけではない。逆にうれしい時も驚きがある。感動、感激も驚きの対象である。

したがって、端的にいえば葬式でも使うが結婚式でも使う。結婚式だと喜びあるいはお祝いの表現として「アイゴー、おめでとうございます！」ということになる。もちろん結婚式では笑顔でそういう。

日常的にもっともよく見かけるのは、通りでばったり、あるいは会合などで久しぶりに顔を合わせ、ニッコリしながらお互い「アイゴー、お久しぶり……」といって握手する風景だ。これなど穏やかなほのぼのとした「アイゴー」である。

葬式など悲しい場面を除いて、よくない「アイゴー」としてよく使われるのは、忙しい時や疲れた時、そして面倒な時だ。「アイゴー」といいながらばたばた動き回り、ぐったりすると「アイゴー」といって椅子にへたり込み、さらには「アイゴー」といって天を仰ぐ。

つまり相手がいない独り言にもよく使うのだ。だから一人で練習する独習者にはもってこいの韓国語である。

「アイゴー」は必ずしも「ゴー」と伸ばさないことがある。臨機応変にＴＰＯに従って、短く「アイゴ」といったり、軽く「アイグ」といったりもする。日常的にはこうした使い方の

さない方がいい。「ゴー」と伸ばしていうと語感が強くなるため、軽い驚きには伸ばさない方がいい。

したがって葬式では強く大きく「アイゴー」だが、ドアに頭をぶつけたくらいなら一人で軽く「アイグ」だ。日常風景では、通りで人にぶつかったりすると瞬間的に軽く「アイゴ」あるいは「アイグ」といっている。女性ではこれに「ヤ」がついて「アイゴヤ！」「アイグヤ！」などという。

子ども連れのママなどは、泣きっ面の子どものほっぺを両手ではさんで、可愛らしく「アイグ、アイグ……」といってあやしている。軽く二言、三言重ねると愛嬌《あいきょう》があって可愛くなる。

旅行者向きとなると「アイゴー」は万能である。

まずショッピングの際、値段が高いと思えば顔をしかめて「アイゴ」といえばいい。安ければ表情を緩めて「アイゴ」でOKだ。食事でもおいしい時は「アイゴー」といって喜び、まずい時は不満そうな顔で「アイゴー」という。このひと言でお店の人は客の気持ちを分かってくれる。

お腹をこわしたり熱を出したりすれば、当然、「アイゴー」を繰り返し、治れば笑顔で「アイゴー」である。

またトイレに行きたい時は小さく「アイゴ」といって席を立ち、用を足して戻ってくるとすっきり気分で「アイゴ」といって席に座る。どこでも、何にでも使えるのだ。旅行者の場合、いささか大げさにいえば、朝から晩まで「アイゴー」ばかりで大丈夫である。

日本人同士でもホテルで朝、顔を合わせればあいさつ代わりに「アイゴー、よく寝れた？」といい、夜は「アイゴー、じゃあまた明日……」といって別れる。こうして日本語混じりでも「アイゴー」を連発すれば、韓国人になったような気分になり、韓国を楽しめるというわけだ。

「アイゴー愛好家」として筆者は今もこれを使いまくっているのだが、スタートは1970年代の語学留学だった。しかし口グセになったのは、留学から帰国し東京で勤務している時からである。今思うと韓国暮らしへの郷愁だったのだろうか。ここから筆者の〝アイゴー人生〟が始まった。

当時、職場は海外ニュースを扱う外信部で深夜勤務が多かった。忙しかったり疲れたりすると「アイゴー」連発となった。おかげで同僚たちまで「アイゴー」を覚えてしまい、面白がってよく使うようになった。彼らにも韓国語エキゾティシズムを楽しませてあげたということになる。

近年は年を取り、ますます磨き（?）がかかってきたように思う。なぜなら、年寄りは立ち居振る舞いに際し「どっこいしょ」という場面が多いからだ。この「どっこいしょ」に「アイゴー」がピッタリなのだ。

軽く「アイグ、アイグ……」といいながら立ち上がったり、腰を下ろしたりするのだが、まさに韓国人になった気分である。バスや地下鉄でもそう独り言をいって座席に座る。このひと言で韓国人の風景に完全に溶け込んだことになる。あまり連発するものだから、時には「年寄りくさい」といって苦笑されることもあるが。

「アニ、アニ」「ネーネ」も口グセになる

さて「アイゴー」は筆者の口グセになっていると書いたが、日本人相手に日本語をしゃべっているのに、つい出てくる韓国語についても紹介しておく。早速、使えると同時に、韓国語の雰囲気を知るいい材料になるかもしれない。

もっともよく出るのは、ノーという否定ないし拒否のひと言で、日本語の「いや」に相当する「アニ（아니）」である。

丁寧語でいえば「アニヨ」とか「アニミダ」だが、会話では軽く「アニ、アニ……」など

と重ねて使う。たとえば相手の話を聞きながら「いや、そうじゃない」とさえぎる時に使うが、これが日本人同士の日本語会話の途中でもよく出てしまうのだ。

相手からは、時に笑いながら「それ韓国語ですよ！」と冷やかされる。自己主張が強い韓国人は議論好きでもあるので、人の話に「アニ！」といってよく口を挟む。それを見よう見まねで、こちらも口グセになってしまったというわけだ。

そのほかイエスあるいは日本語の「はい」にあたる「ネー（네）」もそうだ。

「アニ」の反対語だが、こちらはよく「はい、はい」という同調志向の強い日本人気質そのままに、日本人相手の日本語会話なのに、つい「ネーネ」などと韓国語でいってしまう。イエスとノーは日常でもっともよく使う韓国語なので、韓国居住が長くなると口グセになってしまうというわけだ。

ひと言で韓国人になった気分

ただ、そうやってひと言韓国語を楽しんでいても、やはり〝二の句〟が欲しくなる。感嘆詞だけでは物足りなくなる。たとえば「アイゴー」の後に何かいいたくなる。このプラスもうひと言がいえるともっと韓国人になったような気がする。独習の満足度も高まるというものだ。

そこで「アイゴー、お久しぶり」のほか、「アイゴー、疲れた」とか「アイゴー、寒いね」「アイゴー、おいしい」「アイゴー、すごいね」「アイゴー、いいぞ」「アイゴー、だめだ」「アイゴー、まいったな」「アイゴー、どうしよう」「アイゴー、早くして」「アイゴー、やめてよ」「アイゴー、助けて」……などといったように、二の句になるような簡単語について紹介する。

それも韓国人が口グセのようによく使うひと言韓国語である。以下は必ずしも「アイゴー」の後にいう言葉というわけではないが、韓国人や韓国語の面白さを実感できるひと言ということで、知っていると面白くて楽しい。

まず、エキゾチック(?)な「チュクケッソ(죽겠어)」である。

これは日本語では「死にそう」という意味で、辞書に出ている原形は「죽다(チュクタ=死ぬ)」。これを韓国人は口グセのようによく使う。実際は「ひどい」とか「大変だ」という程度の感嘆詞なのだが、善きにつけ悪しきにつけそういう。ほとんどの場合、独り言、つまりつぶやきである。

「死にそう」というのだから、もちろんいい時にはあまり使わない。多くは損をしたり被害を受けたりした時など、気分のよくない時の感情表出としてそういう。忙しい時も「チュクケッソ」だし、物事が思い通りにならないと「チュクケッソ」だ。

これが口グセのように出てくるのだから、いささか大げさにいえば韓国人は毎日、「死にそう、死にそう」あるいは「死ぬ、死ぬ」といって暮らしているようなものである。実に面白い人たちである。

もちろん実際に死ぬわけではない。ほとんどの状況は舌打ち程度の意味合いなのだが、韓国語いや韓国人にはそれほど大げさなところがあるということだ。もともと彼らは自らをアピールする、つまり自己主張の方法として物事を大げさにいう傾向がある。感嘆詞が多く多様なのはその証拠である。

この「死にそう」は「アイゴー」を付けて「アイゴー、チュクケッソ！」といえばピッタリはまりである。

韓国人はよく死にたがる?

「死にそう」とともに韓国人の口グセにはもっと物騒な「殺す」「殺される」がある。最近はこちらの方をよく耳にする気がする。韓国語では辞書的な原形は「殺す」という意味の「チュギダ（죽이다）」だが、しゃべる時は「チュギョ（죽여）」あるいは「チュギネ（죽이네）」という。

使われ方としてはこれまた感嘆詞のようなものだが、意味合いは「コンチクショー」的な〝ののしり〟のほか、逆にほめ言葉の場合も多い。気分がよくて愉快な時に結構そういっている。近年はむしろこちらの肯定的意味合いの「殺す」「殺される」の方をよく耳にする。直訳的に解釈すれば、この言葉は「面白くて殺されそう」とか「あまりに素晴らしいので殺されちゃう（死んじゃいそう）」といった心理である。したがって先ほどの「死にそう」と似たところがある。

ほめ言葉的な使われ方を紹介する前に、本来の「殺す」により近い否定的な「チュギョ」からまず紹介する。

これはスポーツなど応援、激励の場面でよく使われる。命令形で「チュギョラ」という使い方もする。これだと直訳すると「殺せ」である。物騒きわまりない？

スポーツの試合でスタンドの観衆は試合が盛り上がったり、ここが勝負という場面になったりすると興奮して「チュギョ、チュギョ！」とか「チュギョラ！」と叫ぶ。時には「チュギョラ」が合唱になったりする。

これを昔、最初に耳にした時は驚いた。初歩学習者は辞書的な知識しかないので、直訳して「殺す」「殺せ」といっていると思うからだ。スポーツの場面で、相手を「殺す」とか「殺せ」といって応援しているのだから「韓国人は激しいなあ」と驚いてしまう。家でテレビを見ながらでも興奮するとそう叫ぶ。

しかし実際のニュアンスはそんなに激したものではない。せいぜい「やれ、やれ！」か「やっつけろ！」「それ行け！」程度なのだが、それが日本語に直訳されると大変だ。時には外交問題にさえなりかねない。

実際にあった話だが、韓国人がいつも興奮するサッカー日韓戦をめぐって以前、こんなことがあった。

観客席で韓国人サポーターたちがコブシを振り上げ「チュギョ！」とか「チュギョラ！」と叫んでいるのを見て、日本から取材にやってきた記者が韓国人の通訳に「あれ何と言って叫んでいるの？」と聞いた。通訳は「殺せ、殺せ、と叫んでいます」と答えたため記者は驚き「これはニュースだ」と思って記事にそう書いた。

これが日本の読者の間で「韓国はひどいところだ！」と問題になった。今なら〝反日ヘイトスピーチ〟といわれそうだが、スポーツで殺す、殺せ、はない？　韓国語特有の大げさな物言い、つまり韓国の言語文化に慣れないことからきた、誤解だったというわけだ。

これはスポーツでなくても使われる。何か不満があったり、怒ったりすると、決まって「チュギョ、チュギョ！」と口グセのようにいう知り合いがいるが、独り言で相手について

「死ね」とか「殺してやる」といってののしっているのだ。

新婚の妻が夫に「死ね」

もう一つ、死ぬ、殺すの韓国語で日本人を驚かせた症例（？）がある。これは韓国女性と結婚した日本の友人から聞いた実話である。新婚夫婦のころのできごとだったという。

仕事の都合で自宅での夕食がダメになり、そのことを電話で奥さんに伝えたところ、電話で「チュグルチュル、アロ！」と怒鳴られたというのだ。

「チュグル」は「チュㇰタ（死ぬ）」からくる言葉で直訳では「死ぬだろう」だ。「アロ」は「知れ、知りなさい」だから、奥さんの怒りの言葉は「死ぬと思え」だったのだ。簡単にいえば「死ね！」である。これには新婚の夫も驚いた。

仕事で韓国暮らしをするうちに韓国女性と知り合い、結婚までしたのだから韓国語はそれなりにできる。それでもこの言葉には絶句した。初めて耳にするフレーズだったので、とっさに直訳し「死ぬと思え」と理解したのだ。こんなささいな（？）ことで「死ね」とは！　それも恋愛の末にやっとものにした、新婚間もない彼女が。

当時、この話を紹介してくれた友人は「韓国語は激しいですよねえ、先の人生が思いやられますよ」と笑っていたが、その時、筆者がアドバイス（？）したのは「そんな韓国的な物言いをしてもらえるのは、もう他人じゃない、本当の夫婦になったという証拠だよ。愛情表現と思うべきじゃないの」だった。

この夫婦はその後、子どもも二人でき、四十年以上、連れ合っている。おそらく今も「死ぬ」とか「殺す」などといいながら。

韓国語の死ぬ、殺す、をめぐっては笑えない話もある。これは先年、韓国人記者が米ロスアンゼルス発で伝えてきたニュースで知ったのだが、すごい（？）ことがあった。

現地のコリアタウンで韓国人同士のケンカがあり、警察沙汰《ざた》になった際、この韓国語が問題になったのだ。

当時の報道によると、ケンカの際韓国人が相手に対し、いつもの口グセで「チュギョ」とか「チュグㇽチュㇽ、アロ」などといったことで脅迫罪に問われ、5万ドルの罰金刑になったというのだ。実際は「この野郎め」とか「ただじゃ済まんぞ」といった程度の、売り言葉に買い言葉的な応酬だったのだが、通訳が直訳で「殺す」「死ぬ」にしてしまったため犯罪になってしまったのだ。

「殺される」ほど素晴らしい

しかし「チュギョ」という感嘆詞は近年、むしろ〝いい場面〟で耳にするから面白い。それを知ったのはこんなことからだった。

筆者の趣味は山に出かけて釣りをする〝渓流釣り〟だが、数年前、韓国人たちとの釣行の際のことだ。釣りに適したポイントを探しながら山歩きをしている時、連れの韓国人が渓流を眺めながら「チュギネ！」という。他の連れも「チュギョ！」「チュギンダ！」などといってうなずいている。

「何のこっちゃ？」と首を傾げたが、やがて理解した。絶好のポイントを見つけ「素晴らしい！」「いいぞ！」といって喜んでいるのだった。初耳だったので「こういう時にも使うんだ！」と感じ入った。

つまり「殺す」「殺される」をベリーグッド、ワンダフルの意味で使っているのだった。論理的に解釈すれば、死ぬほど素晴らしいということは、つまり素晴らしい風景が自分を殺す、風景に自分が殺される、ということになるのだ。

後日、その友人たちは街で美女を見かけても「チュギネ！」とか「チュギョ！　チュギョ！」といってはしゃいでいた。美女に出くわし「美女に殺される！」とは実感がわくではないか。

ということでこの感嘆詞「チュギョ」「チュギネ」も幅が広く、肯定的な場面でもしょっちゅう使われるというわけだ。うまいものを食っても、いい映画を見ても「チュギネ」である。今や素晴らしいものはすべて「チュギネ」といってうれしがればいいのだ。

ここでふと思いついたのだが、これは日本の流行語「ヤバイ」に似ている。元は「危ない」という否定的な意味の俗語だったが、近年は素晴らしいこととか、いいことなどほめ言葉になっている。

「危ないほどいい」という「ヤバイ」と同じく、「チュギネ」も「殺されるほど素晴らしい」というわけだ。いい場面でぜひ使ってみてほしい。

うれしい時も「息が詰まる」「狂いそう」

ところで同じく「死ぬ、殺す」系統の似たような感嘆句に「キガマッキョ（기가막혀）」というのがある。語尾にネを付けて「キガマッキネ」でもいい。

これは直訳すると「気がふさがる」つまり「息が詰まる」である。文学的（?）には「息をのむ」という解釈も可能だが、ざっくばらんにいえば息が詰まれば死ぬので、これも死ぬ、殺される、と同じような使い方になる。

韓国人はいい時も悪い時も「キガマッキョ」といって、怒ったり、感心したり、感動したりしている。

うまい食事をはじめ絶賛したいような場面ではこれが一番いい。驚きのほめ言葉である。

これも口グセになっている人が結構いる。話の途中でしきりに「キガマッキョ！」を差しはさむのだ。

それから、死んだり殺されたりはせずに、今度は「狂いそう」という感嘆詞もある。「ミチゲッソ（미치겠어）」がそれで、これもよく耳にする。どちらかというと女性がよく使うようだ。

日韓辞典には原形として「ミッチダ（미치다、狂う）」と出ているが、まず「腹が立って狂うほどだ」とか「頭にくる」のように否定的に使う。「バカなヤツ」みたいなののしり言葉では「ミッチン、ノム（やつ）！」などという。

しかし一方で、素晴らしいものを見聞きしたり、すごくいい経験をしたり、どこか夢中になったような状況でも、その感動や快感を「ミチゲッソ！」といって語る。「狂う」という心理状況は没入であり、物事に夢中になることである。日本では「狂」は今や差別語扱いになっているが、以前は夢中になる人を「〇〇狂」とよくいった。

日本語の「頭にくる」や「頭にきた」はいい場面には使わないが、「ミチゲッソ」は善し悪し両方に使えるのだ。その意味では、該当する外国語では英語のクレージーがピッタリかもしれない。

チュクケッソ
チュギネ
キガマッキョ
ミチゲッソ

こうした驚きの感嘆詞が韓国人の口グセになっているということは、韓国人自身がそれだけ感情表現が豊か（激しい？）ということであり、それに相応し韓国語には感情たっぷりの表現が多いということになる。いいかえればそれほど韓国語はドラマチックで面白いということでもある。

使いでのある「テヨ」「アンデヨ」「テッソヨ」

「アイゴー」から始まって感嘆詞の話ばかりになってしまったが、口グセになる〝ひと言面白韓国語〟となるとどうしてもそこにいってしまう。そこで以下ではもう少し穏やかなひと言韓国語を紹介する。これも日常会話で必須であり、簡単で覚えやすく、かつ使いでがある言葉を選んでみた。

経験的にいって、筆者が学びの初期にもっとも重宝した言葉に「テヨ」「アンデヨ」「テッソヨ」がある。

これは「テダ（되다）」が原形で、そこから派生した言葉だが、元の意味は「物事が成る」の「成る」である。それを現在形にしたり過去形にしたり、さらには否定形や疑問形にして使う。「ヨ」は他のいずれの場合もそうだが、話し言葉で少し丁寧にいう時に語尾に付ける。

「成る」というのは、ある状態がうまくいっていることを意味する。大丈夫とかＯＫあるいは了解、了承の状態というわけだ。たとえば「テヨ（되요）」の場合は、直訳でいえば「成っている」だからＯＫ、了解の意味になる。

会話の例でいえば、何かを頼んだり、注文したり、こちらの意向や希望を受け入れてもらおうとする時は「いいでしょうか？」の意味で「テヨ？」という。

たとえば食事（シクサ）をしたい時は「シクサ、テヨ？」で、ビール（麦酒＝メクチュ）が飲みたい時は「メクチュ、テヨ？」だ。いずれもしり上がりの口調でいう。しり上がりは疑問や問いかけの意味だから、お店で「何々ありますか？」といいたい時はすべてこれで通じる。

すると店の人は「大丈夫、ＯＫです」なら平板に「テヨ」という。ダメな時は否定の意味の「アン」を付けて「アンデヨ」という答えが返ってくる（ここでデと濁るのは、言葉の中間では濁音になるからだ）。

「アンデヨ」はお断りの言葉なので、何でも拒否したい時はこのひと言で済む。「やめて」とか「いけません」とか「ダメ、ダメ……」といいたい場面にはもってこいである。拒否の言葉は外国での被害防止には必須だから「アンデヨ！」はぜひ覚えておきたい。

もう一つの「テッソヨ」は「テダ（成る）」の過去形だから、日本語の「成った」「もう成っている」にあたり、「もういい」「もういらない」「十分だ」「間に合っている」ということになるので、これも「ノー」の意味に使える。

たとえば酒席で「もう一杯いかが？」といわれて断る時は「テッソヨ」という。店で品物をすすめられて断る際はこれを使うのだが、同じような断りの言葉である「アンデヨ」とはどこが違うのか。

「アンデヨ」はこちらの意向を強く相手に伝えるような、強い拒否感、否定感があるのに対し、「テッソヨ」は「間に合っている」「もう十分である」というこちらの事情を伝えてソフトに断るというような、ニュアンスの差がある。お酒なんかでは「テッソヨ、テッソヨ……」といいながらつい、いただいたりするので、拒否感は弱いといえる。

テヨ
アンデヨ

テッソヨ

いずれもどちらかというと耳で覚える韓国語である。そして使えば効果抜群という気軽な万能韓国語である。この章は「アイゴー」から始まったが、どの言葉もハングル表記は知らなくても、面白がりながらすぐ覚えられ、すぐ使える。したがってこの章で紹介した「ひと言韓国語」は、ハングル抜き、理屈抜きで丸ごと覚えていただきたい。いずれもほんのひと言なのだから。

第六章

韓国語の極意はパンマル

敬語とぞんざい語を面白がる

韓国語の面白さとして第一章では家族の呼称のことを紹介したが、これは韓国人の人間関係において家族（血縁）がいかに重要であるかを物語るものでもあった。家族でもない他人に対し家族用語を使うのは、その相手を家族扱いにすることであり、それほど親しいという意味なのだ。

つまり韓国における家族用語の多用には、お互いが〝疑似家族〟となって親しさを分かち合うという背景がある。したがってそうした家族用語を知り、どんどん使えば「気分はもう韓国人」ということになる。

外国語を学ぶということはその国やその国の人を知ることである。したがって韓国語には韓国人はどういう人たちかという、韓国人のあるがままの姿が投影されている。

韓国語を知ることは韓国人を知ることなのだ。すでにこれまで、激音や感嘆詞などを通じてその一端を象徴的に紹介してきた。この章では韓国語の特徴というか、韓国語の極意をさらに理解するために、敬語と非敬語のことを書く。

敬語は日本語にもあるが〝非敬語〟というのは珍しいかもしれない。韓国語にはそれがあるのだ。しかもそれが意外に重要で、それを知ることが韓国人および韓国社会を知る上では不可欠なのだ。

ここでは思い付き的に「非敬語」と書いたが、より正確には「ぞんざい語」といった方がいいかもしれない。相手を見下していう言葉のことである。韓国語では「パンマル（반말）」という。

これは重要であると同時に、日本人（外国人）には実に興味津々なのだ。面倒がらずに面白がってほしい。

パンマルの「マル」は「言葉」という意味なので、韓国（ハングク）の言葉つまり韓国語は「ハングンマル」といい、日本（イルボン）の言葉＝日本語は「イルボンマル」という。「パン」は半分の「半」である。

したがって「パンマル」とは「半分の言葉」ということで、いわば「半端な言葉」なのだ。そこにはまともな言葉ではない、まともな相手に使う言葉ではないという含みがある。

まともではない相手に使う言葉？　では、まともではない相手とはいったい誰のことか？子どもや年下の者、そして地位や階級における下の者をいう。学校では先生に対し学生や生徒がそうであり、会社では部下たちのことである。それらを「まともでない」といえば差別的に聞こえるが、人間社会を秩序あるものにするには、上下区別による秩序が不可欠だ。とくに韓国は儒教的な「長幼の序」という年齢差による上下意識、つまり秩序意識が強いため、年上か年下かによる言葉の区別が厳しい。

たとえば他人同士の争いの場面でこういうことがよくある。

お互い相手が悪いといって口論となり、非難合戦が始まる。ああでもない、こうでもないと、相手の非をあげつらって激しい非難のやりとりが続く。するとそのうちどちらかが「その物言いは何だ!」といい出す。そして「それはパンマルではないか、なぜパンマルを使うんだ!」と怒る。

その結果、最後は「お前はいったい何歳なんだ?」といって年齢論争になる。しかし年齢が分かれば上下関係が明らかになり、それで是非の決着がつくのでお互いなかなか自分の年はいわない。

ただ、お互い年齢不詳のなかでパンマルを使うと相手を見下したことになる。これは周りにギャラリー(?)がいる時は情勢不利になる。一見して年齢差が明らかな場合は、年下がパンマルを使っては負けになる。つまり、対立している争点の是非、当否ではなく、言葉遣いによって最後はケリがつくというわけだ。

この韓国語の風景を笑ってはいけない。およそ口論やケンカというのは、いくら理屈をこねても、どちらが正しいか、争点の当否ではなかなか解決しないものだ。それがみんな納得する年齢差で解決するというのは、なかなかうまい解決法ではないか。

少しお堅くいえば、動物だとこうはいかない。年齢で勝負が決まるのは人間社会だけである。この人間らしい「長幼の序」という秩序思想をもたらした儒教哲学（?）は、人間社会の偉大な知恵なのだ。

子どもに話しかけるには

韓国語には相手を敬った丁寧な物言いである尊敬語と、相手を見下したパンマルの二つが厳然としてあって、この使い方を間違えると人間関係に問題が生じる。普通、誰が相手でも丁寧な物言いをしていれば問題ない、無難だろうと思うが、韓国語では必ずしもそうではないところが面白い。

パンマルの使い方がそれで、たとえば子どもに対してはほぼ絶対的にぞんざい語のパンマルを使わなければならない。そうしないと会話にならない。コミュニケーションが成り立たないのだ。

たとえば子どもに対して「何歳ですか」とか「ご飯はちゃんと食べましたか」とか「早くしなさい」などと丁寧な言葉を使うと、怪訝《けげん》な顔でポカンとされる。相手にしてもらえないのだ。「何歳か」「ちゃんと食ったか」「早くしろ」といった言い方でないと通用しないのだ。丁寧語を使うとケラケラ笑って逃げてしまったりする。ひどい冗談をいってからかっていると思うからだ。

「食べましたか?」は普通、「モゴッソヨ?」だが子ども相手には丁寧語尾の「ヨ」を抜いて「モゴッソ?」でないといけない。「あります」の「イッソヨ」も「イッソ」で「ありません」の「オプソヨ」も「オプソ」といわないといけない。「どこに行きますか?」は「オディ、カヨ?」だが、子どもには「オディ、カ?」である。

日本社会では子どもに対しても「何々しましょうね」などと丁寧にいうが、韓国では子どもには「何々しろ」という。韓国語だと「します」は「ヘヨ」だが、これは子どもにはダメで単に「へ」といわなければならないのだ。

もちろんおとな同士の場合は、上下関係があっても上の方が下に丁寧にいうことは時には構わない。下の者に丁寧な言葉遣いをすれば、品のある人と思われることもある。

一方の尊敬語においても、日本語とは違った文化があって興味深い。父母や上司、学校の先生など尊敬語の対象になる人のことについて語る時は、絶対的に尊敬語を使わなければならないのだ。

これはとくに日本人にとって引っかかる重要なポイントである。日本人は身内については父母であろうが上司であろうが、それを第三者に話す時にはぞんざいな言葉を使うことが礼儀とされているからだ。

身内を引き下げることが、相手を高めることにつながるという発想からだが、日本人が韓国語でこれをやると逆に「礼儀知らず」となってひんしゅくを買う。韓国ではとくに父母については絶対敬語なので、日本人は要注意である。

「父が死んだ」で叱られた

具体的な例でいえば、筆者は韓国在住の初期に日本にいる父が亡くなった。その時、そのことを周りの韓国人に語るのに大いなる戸惑いを経験した。

つい日本語風に「父が亡くなった（死んだ）」といういい方をしたところ、これがひどくひんしゅくを買い、厳しく注意された。この注意はもちろん韓国語に慣れない外国人への善意だったが、一人前の立派な大人が「親が〝死んだ〟とは何というういい方だ！」というわけだ。

韓国語では、親が亡くなれば無条件で「お亡くなりになった（トラガショッタ）」といわなければならない。

「死ぬ」は先の感嘆詞のところで登場したように「チュクタ」だ。筆者は「アボジ（父）ガ、チュゴッソヨ」といったのだが、これがとんでもない「親不孝！」だったのだ。これを機に、親が亡くなれば他人にも必ず「お亡くなりになった」つまり「トラガショッソヨ」か「トラガショッスミダ」といわなければならないことを学んだ。

その数年後、今度は母が亡くなった。この時は心を決め、間違いなく「オモニ（母）ガ、トラガショッソヨ」といってまわったのだが、それでもどこか落ち着かない感じが残ったことを記憶している。それは日本語に直訳して考えるからだった。他人に対し「自分の親を〝お亡くなりになりました〟はないよなあ……」という日本人的意識のせいだった。

韓国語のこうした絶対敬語に対する日本人的な落ち着かなさは、ほかにもある。韓国人が普通よくいう、自分の上司について「社長さまは今おられません」などという語法のことだ。韓国語としては当たり前で当然の語法なのだが、日本人的感覚ではどうもなじめない。自分たちの身内を「さま」などと高めた言い方は、それを他人に押し付ける感じでイヤなのだ。

日本の会社では、たとえば社長の秘書は外部からの電話には「社長は出かけていておりません」というが、韓国では「社長さまはお出かけなさっていていらっしゃいません」という。それを日本風にやってしまうと礼儀知らずとなって、社外に悪評が広がることになる。

とくに日本では上司のことを外部の人にいう時は肩書抜きで「私どもの高橋《たかはし》が……」というのが礼儀であり格式だが、韓国では上司の名前の呼び捨ては絶対にありえない。そんなことをすれば聞いた相手は驚き、発言者について品格を疑い、時には「どこかおかしい人間」

と思うだろう。

そこが外国あるいは外国語の面白さなのだ。面白がればいい。決意して「母は十年前にお亡くなりになりました」といわなければならない。それが外国語を学ぶ意味であり、楽しさである。

ぞんざい語で恋人になる

ここでぞんざい語のパンマルに戻る。これは目上や上司には絶対使ってはいけない。使えば会社ならクビものだ。ところが一方で、それが人間関係にプラスする効用もあるから面白い。

パンマルには上下の秩序感の一方で親近感の表現という面があるからだ。お堅い尊敬語では得られない快感というか、情の交流が可能になるのだ。尊敬語やぞんざい語はお互いの秩序維持のためのものだが、秩序意識というのは面倒なもので、それにこだわってばかりでは人生面白くない。

そこで本音の付き合いはお互い秩序意識を脱することで生まれる。つまり尊敬語だけではなく、パンマルを使うことによって、格式や垣根を越えた本当の気持ちの交流ができるということだ。そこからお互い親近感が生まれ、本音の付き合いが可能になる。

イッソ（ある、いる）	オプソ（ない、いない）
モゴ（食べる、食べろ）	モゴッソ（食べた）
カ（行く、行け）	カッソ（行った）
ヘ（する、しろ）	ヘッソ（した）
ワ（来る、来い）	ワッソ（来た）
ファナッソ（腹立つ）	サランヘ（愛してる）
ターッ（乗る、乗れ）	ネリョ（降りる、降りろ）
アッパ（痛い）	ナッパ（悪い）
シロ（いやだ、嫌い）	チョア（いい）
イェポ（可愛い）	カマニイッソ（じっとして、静かに）
オッテ（どう、いかが）	クレ（そう）

たとえば日本語でもそうだが、恋人同士の会話で、お互い丁寧な言葉遣いをしていてはよそよそしくて、打ち解けない。いつまでも「食事をしましょう」「映画を見ましょう」「今日はきれいですね」などといっていたのでは、恋は実りそうにない。そこはやはり「食事するか」「映画見ようよ」「今日はきれいだね」となってこそ関係は進む。

したがって韓国語の会話で上記の表にあるようなパンマルが飛び交っていれば、お互い相当、親しい仲ということになる。男女ならもう恋人同士である。

韓ドラや韓国映画での若い男女の会話シーンはほとんどこの調子である。

つまり丁寧な言い方になる語尾の「ヨ」あるいは「ミダ」抜きの半端（！）な言い方がまさにパンマルであって、そのくだけた感じが親しみの表現になるというわけだ。

逆に、列挙したこれらの言葉の語尾に「ヨ」を付ければそのまま丁寧語になる。いずれの場合も語尾を上げてしゃべれば「？」で疑問や問いかけとして使える。

一人称の「わたし」も使い分け

ぞんざい語と尊敬語というのは単語そのものにもある。その代表例が「わたし」である。英語では「アイ（I）」、中国語では「ウォ（我）」のひと言ですむが、韓国語は日本語と同じく相手によって使い分けるのだ。

年齢や地位をはじめ上の相手に向かって自分を謙遜《けんそん》していう時は「チョ（저）」あるいは「チェ（제）」で、逆に相手が下で自分を高めていう時は「ナ（나）」あるいは「ネ（내）」という。

いずれも二つずつあるのは、主語として使う時、後にくる助詞の「は」と「が」の違いによる。

相手に謙遜していう時の「私は」は「チョヌン（저는）」で「私が」は「チェガ（제가）」という。逆に相手を下に見て「オレは」風にいう時は「ナヌン（나는）」で「オレが」だと「ネガ（내가）」となる。

主語に付く助詞の「は」と「が」にあたる「ヌン」と「ガ」の使い分けは基本的には日本語と同じなのでありがたい。ただ主語部分の言葉が子音で終わる場合は、「ヌン（는）」は「ン（은）」に「ガ（가）」は「イ（이）」になるのだが、これは慣れしかない。やっているうちにほぼ自動的にできるようになるので、ここでは気にしなくていい。

この「チョ、チェ」と「ナ、ネ」の上下関係の機微については、身近で面白いエピソードがある。韓国に住んでいる在日韓国人出身の友人の話だが、彼が以前、結婚を考えて付き合っていた韓国人女性との、言葉をめぐる葛藤《かっとう》（？）のことである。

友人によると、彼女は自分のことを語る時に決まって「ナヌン……」とか「ネガ……」というのだが、これが気になって仕方ないというのだ。「私はこれこれして……」とか「私がどこそこで……」という際に、必ず「ナ」や「ネ」を使ってケロッとしているという。

友人の違和感あるいは不満は、彼女は自分よりかなり年下なのになぜ「チョヌン……」とか「チェガ……」といわないのか、威張っているような感じがして気に食わないというのだ。彼女にいくらそれをいっても直してくれないという。

たしかに韓国語の正確な語法では友人のいう通りである。彼は日本生まれで、長じて韓国にやってきて韓国語を学んだ。パンマルのことは知っている。もう韓国暮らしが長いので言葉にも慣れ、生活に不便はない。そこで韓国語の正しい使い方として「年長者にパンマルはないだろう」とこだわっているのだった。

しかし考えてみると、二人は結婚を考えるほどに親しい関係になっている。とすると彼女の彼に対するパンマルは親近感の表れではないのか？

そこのところを友人は、根っからの韓国人ではないので、いわば学校で学んだ韓国語を杓《しゃく》子《し》定規に考え、尊敬語法にこだわっていたのではないのか。それとやはりどこか「女性なのに……」という思いもあっただろう。母国の女性へのあこがれ（？）として、伝統的な言語的礼儀を期待したのかもしれない。

そこで筆者は友人に対し「彼女は甘えているんだよ。垣根を越えてそれだけ親しくなったことを誇示しているんだ。愛情表現と思えば逆に可愛いじゃないか」と繰り返し解説してあげた。周辺で韓国の恋人同士や若夫婦のパンマル会話をよく耳にしていたからだ。

しかし友人は最後まで納得しないようだった。もちろんほかの理由もあったのだろうが、後に二人は結局、別れてしまった。

夫婦の会話ということでは先に、死ぬ、殺すのところで紹介した、友人の新婚時代の話も関連するかもしれない。夫に「死ね！」などというのはパンマルもいいところだ。新婚の夫人が怒りのあまりすごいパンマルを夫に使ったということになるが、あれも一種の愛情表現だったのだから。

一方、筆者の場合はどうか。年齢からして誰に対してもぞんざい語の「ナ」「ネ」を使っていい立ち位置にあるのだが、正直にいってまだそれを使い切れていない。今なおもっぱら尊敬語の「チョ」「チェ」で通している。

その心理には、外国人としてへり下っている方が無難だろうということと、謙遜した方が上品に見えるだろうということもある。

ただ、若い韓国人記者などと話す際にはぞんざい語の「ナ」や「ネ」を使うことがある。先輩風を吹かすわけではないが、若い相手に「チョ」「チェ」で話すのは媚《こ》びた感じでいやらしいと思うからだ。いずれにしろ筆者は「わたし」という自称用語を、今なお韓国人のように自然体で楽に使えていないということだ。外国人の限界というべきか、日本人的な妙なこだわりというべきか。「いまだ修業足らず」というほかない。

二人称の「あなた」はさらに曲者

ここまで「わたし」についての尊敬と見下しの使い分けについて紹介したが、「わたし」に対しては「あなた」がある。これにも当然、使い分けがある。英語ではユー（you）、中国語では「ニー（你）」だけですむが、韓国語には日本語同様、複数の言い方がある。

日本語では「あなた」のほか「お前」とか「キミ」「お宅」「そちら」……などがある。韓国語の「あなた」は辞書的には「タンシン（당신）」であり、学習書でもそう教えている。したがって「あなたは……」は「タンシヌン（당신은）……」だと。

「タンシン」は漢字で書けば「当身」だから意味的には理解しやすい。ところが使い方が微妙なのだ。漢字語でもあるし日本人には分かりやすく、使いやすそうなのだが、これが意外に曲者《くせもの》なのだ。

もともと日本人と同じように韓国人も日常の会話で「あなた」という言葉はあまり使わない。主語抜きが一般的で、これは日韓共通なので日本人にはありがたい。そして使う時はどこかあらたまった雰囲気になり、ことさら何かを聞かれるとか、問いただされる感じがする。韓国語の「タンシン」にもそうしたニュアンスが強く、日常的には使いにくい。いや、あまり使わない。

端的な言い方をすると「タンシン」は、いわば当局で調べられる時の言葉である。バカ丁寧にいうことで威圧を与えるような言葉なのだ。だからむしろ「タンシン！といわれたら用心しろ」である。

一方、こちらが上に立って相手を見下すような「お前」にあたるのは「ノ（너）」で、こ

れは子ども相手やごく親しい垣根のない間柄でよく使う。友人同士はこれでいい。しかし、まったくの他人や接客場面では失礼過ぎて、相手を怒らせかねない。

繰り返すが、韓国は「長幼の序」など上下関係による秩序意識が重要なので、相手の呼称についても平等、水平的なものがなかなかない。では「タンシン」も「ノ」も使いにくいとなるとどうするか？

結局、「あなた」ではなく相手の名前を「シ（氏）」を付けていうとか、課長、部長、チーム長など肩書があればそれで代用する。男同士だと「ソンセン（先生、선생）」か。そして親しければすでに登場した家族用語の「オッパ」とか「オンニ」とか、あるいは「アジョシ」「アジュモニ」も「あなた」代わりになる。

ここで筆者自身、どういういわれ方をするのがもっとも好ましいと思うのか、について書いておく。

それは「オルシン（어르신）」である。辞書を引くと「他人の父や老人に対する敬称」と出ているが、時にいわれることがあり実に心地よい。先に「オッパと呼ばれたい」などと書いたが、あれは冗談である。年齢相応の格式でいわれるのがやはりうれしい。

関連でいえば、同じ年寄りでも「おじいさん」にあたる「ハラボジ」は気に食わない。単なる年寄り扱いで敬意が感じられないからだ。エレベーターで乗り合わせた子ども連れのママが、こちらを意識しながら子どもに向かって「ハラボジ、アンニョン！」と言わせようとするシーンによく出くわすが、これは気に食わない。「オルシン」には年寄りに対する伝統的な尊敬が込められている。

「ニム（さま）」の大安売り時代

さて韓国も近年、先進国化にともなって差別問題に関心が強い。それだけ呼称がうるさくなっているので、相手を丁寧に呼ぶ傾向がある。そして呼称をいいイメージに変えることで、その呼称や相手の社会的地位を高めるという言い換えも結構、行われている。

日本でもそうだが、たとえば昔の「女中」は差別的といわれ死語になり、今や「お手伝いさん」である。看護婦もダメなようで「看護師」になった。韓国では、お手伝いさんのことを昔は「シンモ（食母）」といって、外国人にとっては実に風情のある単語だったが、イメージがよくないといって「カジョンブ（家政婦）」に変わった。ところがそれもよくないといって、今は「トウミ」である。

「トウミ（도움이）」とは「助ける、手伝う」という意味の「トプタ（돕다）」の名詞形で、日本語の「お手伝いさん」に相当するが、語感的にはコンパニオンといったところか。こうした言い換えの社会的な背景については、すでに「アガシ」のところで指摘した。

フェジャンニム（会長さま）	サジャンニム（社長さま）
ブジャンニム（部長さま）	チャングァンニム（長官＝大臣さま）
テーサニム（大使さま）	ウィサニム（お医者さま）
クッチャンニム（局長さま）	チョムジャンニム（店長さま）
キョースニム（教授さま）	ソンベニム（先輩さま）
テピョニム（代表さま）	アボニム（お父さま）
カムドンニム（監督さま）	ヒョンニム（お兄さま）
オモニム（お母さま）	タンニム（娘さま）
ヌニム（お姉さま）	

敬称ということではもう一つ、近年の「ニム」ブームのことを紹介する。

「ニム（님）」は日本語の「さま（様）」にあたるが、日本ではこれまでもっぱら北朝鮮がらみが有名だった。かの国の最高指導者を「スリョン（首領）ニム」とか「チャングン（将軍）ニム」といって、国民があがめている話が広く伝わっていたからだ。

もちろん韓国でも「ニム」は日常的によく使う。

上記の表のように、いわゆる偉い人や上の人にはみんな「ニム」が付くのだ。

最後の「タンニム」は偉い人や上の人の娘を持ち上げていう言葉だが、これに似て、最近は何でもやたらに「ニム」を付けることが流行《はや》っている。差別拒否の時代ということと同時に、ある種の商業主義からくるお客への配慮やサービスの拡大という意味がある。

たとえば「お客さま」を意味する「ソンニム（손님）」は昔からあって、普通の訪問客から店の客までそういう。

しかし最近は消費者などを格調高く（？）「顧客（コゲク）」という単語を使って「コゲンニム（顧客さま）」などというようになった。銀行や百貨店ではほとんどこの「コゲンニム」である。

病院などでは、診察の順番が回ってくると呼び出しのアナウンスは「クロダニム（黒田さま）」というようになった。名前に「ニム」を付けるのは日本の影響かもしれない。病院では患者（ファンジャ）も「ファンジャニム」という。

韓国語には日本語の「さん」にあたる、誰にも使えるような対等で水平的な呼称がないので、「ニム」はその代わりをしているようにもみえる。韓国語の呼称アップグレードで「ニムの時代」なのだが、他者配慮ということでそれも先進国化現象だろうか。

というわけで韓国は「ニム」の大安売りになっているのだが、実はこの「ニム」には面白い歴史が隠されている。社会現象として話題になった「ニムの始まり」があるのだ。

１９６０年代後半から70年代にかけてのころと思うが、タクシーの運転手が「キサニム」

と呼ばれるようになったのだ。翻訳すると「技師さま」である。

これが「ニム以外のニム」のはじまりといわれているのだが、タクシー運転手というのは、接客業でかつ機械（？）をいじる、きつい仕事である。伝統的に社会的評価は必ずしも高くない職業だったが、その社会的イメージを高めるために「技師」プラス「さま」の新呼称が生まれたのだ。

「キサ（技師）」は「ウンジョンス（運転手）」よりいいやすいし、語感もカッコいい。当初は「車の運転手が技師か」とかなり皮肉られたようだが、その後、定着した。

しかし「キサニム」もどこか古めかしい感じがするのか、最近はあまり聞かれない。むしろタクシーのみならず接客業向けで一般的な「アジョシ（おじさん）」を使う人が多いが、筆者は今も「キサニム」にこだわっている。いう方にも品があり、いわれる方も「ニム」が付いているので気分がいい。

メシにも階級がある

韓国語の尊敬語というのは、すでに書いたように、普通の言葉の語尾に丁寧語用の助詞を付けるとか、あるいは「何々される」とか「なさる」みたいな言い方をする場合が多いのだが、まったく別の単語になるというものもある。

たとえば日常語の食事に関する言葉がそうだ。食事を意味する言葉は三種類あって、相手によって使い分ける。下の段階から書けばこうなっている。

パップ（めし）
シクサ（食事）
チンジ（お食事、ご膳《ぜん》）

現在は漢字語の「シクサ」の頻度が圧倒的で、これには上下感はない。中間的で誰にでも使っていい。

一方、「パップ」は料理の「キムパップ（のり巻き）」や「ビビンパップ（まぜご飯）」でも分かるように飯の意味だが、漢字のない固有語でごく気軽な言葉だ。「パンモゴッソ（メシ食った）？」などとよく使う。あえていえば気取らない庶民風というか、俗っぽい単語である。

問題は「チンジ」だ。

これは食事についての最上級の言葉で、家庭なら父や祖父クラスの食事を意味するきわめて上品な単語である。年配の筆者でもそうしょっちゅういわれるものではない。外国人の印象でいえば、どこか重々しくて時代劇のセリフのようでもある。

しかも「チンジ」を使う時は動詞も尊敬語を使わなければならない。「パップ」や「シクサ」のように単に「食べる」にあたる「モゴヨ」や「モゴッスミカ？」ではダメで、「召し上がる」に相当する尊敬語の「チャプスシダ」を使うのだ。まず「チンジ、チャプスセヨ」と声をかけ、終わると「チンジ、チャプスショッソヨ？」という。

いささか舌をかみそうな難しい発音だが、あえて紹介したのは、人間関係における秩序重視という韓国語の心を知るためである。メシにも階級分けがあるのだ。

日本人にとって韓国語は、語順は簡単だしハングル文字も覚えやすいというビッグな利点がある。その一方でぞんざい語や尊敬語の区別という一見、面倒なこともある。しかしそれを知れば韓国人、韓国社会の興味深い様子がのぞける。外国語を学ぶ面白さであり醍醐味《だいごみ》と思ってほしい。

第七章

街のハングル探訪

ハングルの創始者に英語は申し訳ない？

韓国の首都・ソウルの中心部に光化門《クアンファンムン》広場がある。旧王宮の景福宮《キョンボックン》の前面に位置し、大統領官邸や政府庁舎、米大使館、日本大使館も近い。ソウル旧市街を南北と東西に分ける大通りがこの広場で交差している。広場に面して多くの建物があるが、なかでもビジネスビル「キョボ」がもっとも大きくて目立つ。

「キョボ（教保）」とは保険会社「教育生命保険」の略称である。ビルの地下が超大型書店「キョボムンコ（教保文庫）」になっていて、市民の間ではそちらの方が有名である。書店のおかげで周辺は人の往来が多く、官庁街にしては若者が目立つ。

「キョボ」は韓国最大の書店経営で明らかなように文化的な企業である。そのイメージにぴったりなのが、詩が書かれた大きなパネルが常時、ビルの壁面に掲げられていることだ。詩は季節ごとに年四回、替えられる。日本の俳句が韓国語訳で登場したこともある。韓国語の勉強になるので、いつもその眺めを楽しんでいる。筆者は「キョボ」のファンなのだ。

何年前だったか、ふと気付いたのだが、ビル前面の最上階の壁に企業のロゴがローマ字（英文）で「KYOBO」と出ていた。ビル全体からするとささやかな文字で、企業PRとしては上品なものだった。

筆者はそのことをコラム記事で書いた。実は光化門広場には、ハングル文字を創製した世

光化門広場の「キョボ・ビル」

光化門広場の米大使館前に立つ世宗大王の銅像

宗大王のでっかい銅像が立っているのだ。そのいわば〝ハングルの神様〟の前でわざわざ英語の企業名とはどうしたことか、という問題提起だった。

記事では「KYOBO」のことだけを書いたわけではない。日ごろ広場周辺の企業や商店などの建物に英文が多すぎることが気になっていたのだ。そんななかでもっとも目立つ広場入り口の「キョボ」に、英語が登場したので驚いたのだ。

筆者の記事は当然、日本の新聞に出た。ところがしばらくして、その企業ロゴがハングル文字に変わったのだ。広場に面したビル正面はハングルで「교보생명（教保生命）」となり、英文の「KYOBO」は広場側ではなく、大通りに面したビル側面に移されていた。

これだと世宗大王にはハングルの「교보생명」しか目に入らない！　企業「キョボ」にはやはり文化的センスがあったのだ。

光化門広場に面しては外交部（外務省）のビルも建っている。そのビルのてっぺんにもひときわ大きく「외교부（ウェギョブ）」というハングル表記が出ている。これには外務省の英語「MINISTRY　OF　FOREIGN　AFFAIRS」の略称である「MOFA」が横に付いている。これだと納得である。

それにしても外務省の建物にあんな大きな表示が必要なのだろうか。ご丁寧に夜はネオンになっている。

何でも民主化の韓国なので、お役所の対国民サービスという意味かもしれない。しかし世界はテロ時代である。国家中枢機関の建物をあんなに誇示していいのだろうか、人ごとながら気になる。

ハングルの洪水は楽習のチャンス！

日本人に比べ韓国人は自己主張が強い。自己PR、売り込みも臆面《おくめん》がなくて、うまい。そのせいもあってか、街には看板や表示があふれている。以前に比べ企業や商店の名前などデ

路地裏のハングル

ハングルだらけのビルの壁面

ザインに英語表記が増えたが、それでも当然ながらほとんどはハングルである。

　旅行者にとってソウルの街の建物や看板に書かれた文字の派手さ、多さは驚きである。筆者も日本に一時帰国して戻ってくると、市内に向かうリムジンバスの車窓から見える街の建物や看板の派手な表示に「ああ、韓国に戻ってきたなあ」と実感する。みんな競うように企業名や店名を誇示している。

　逆に日本に行くと、ビジネスビルにはほとんど看板はないし、企業ロゴも目立たない。大きなビルに何の表示も見当たらないというのは、韓国の街の風景になじんだ在韓日本人には逆にどこか落ち着かない。

　韓国の街の派手な看板やハングル文字の洪水は、日本人（外国人）に〝ハングル酔い〟を誘

ビルのテナントもハングルの洪水

発する。しかし逆にいえばその分だけ、視覚的なハングル（韓国語）学習のチャンスにめぐまれていることになる。それを利用しない手はない。

筆者は1970年代の語学留学の折、いつもバスに乗って車窓を流れる〝ハングルの洪水〟に視線を集中させ、瞬間の〝解読練習〟に熱中した。どれだけ目にとまり、何の意味なのか？

プロ野球の好打者はヒットが打てる極意を「ボールが止まっているように見える」というが、同じである。毎日、目をしょぼつかせながら車窓のハングル風景に目を凝らしたのだ。しだいに〝打率〟は上がってくる。いい思い出である。

以下、ソウルの街の印象的なハングルをいくつか紹介する（次頁の表）。順番にとくに意味はない。

思いつくままに街でよく見かける単語を20個挙げてみたのだが、意外に漢字語（日本製漢

약（ヤㇰ＝薬）	버스（ボス＝バス）
지하철（チハチョㇽ＝地下鉄）	꽃（コッ＝花）
부동산（プドンサン＝不動産）	아파트(アパトゥ＝マンション)
은행（ウネン＝銀行）	커피（コッピ＝コーヒー）
김밥（キㇺバップ＝のり巻き）	빵（パン）
택시（テッㇰシ＝タクシー）	롯데（ロッテ）
호프（ホップ＝ビアホール）	갈비（カㇽビ）
맥주（メㇰチュ＝ビール）	치과（チックヮ＝歯科）
헤어（ヘア＝美容院）	부페（ブペ＝ビュッフェ）
호텔（ホテル）	치킨（チキン）

字語）が少なく、その代わり英語系の外来語が結構ある。偶然の結果だが、これは韓国社会および韓国語の現状をよく示している。

冒頭で紹介したように、世宗大王がにらんでいる〝ソウルの顔〟の光化門広場周辺さえ、今や英語が幅を利かしている。店の名前をはじめ英文表記が増える一方、外来語のハングル表記も多いというわけだ。

街のハングル・ベスト3は「ヤㇰ」「プドンサン」「ウネン」

英語名でもっとも目立つのが、スターバックスをはじめとするコーヒーショップである。多くが外資系なためその屋号や看板で街は英語だらけになる。光化門広場周辺をはじめ都心や繁華街では、英語名のコーヒーショップが軒をつらねている。

韓国人は昔から、ということはインスタントコーヒー時代からということだが、コーヒーつまり「コッピ（커

피）」が大好きだ。世界有数のコーヒー消費国である。したがって昔から街には喫茶店がたくさんあって目についた。昔はその喫茶店を「タバン（茶房）」といった。ハングㇽでは「다방」である。

「タバン」での人間模様をはじめ、「タバン」をめぐる韓国社会史は一冊の本になるほど面白いが、ここでは省く。

ある時代、街にあふれていたその「タバン」が姿を隠し、今や死語になってしまった。それに代わったのがスタバなどコーヒーショップの英語である。ハングㇽの「タバン」が消え英語があふれる風景に、世宗大王はいかがな心境だろうか。

で、昔も今もハングㇽ学習者にもっとも目につくのが最初に挙げた薬局の「ヤㇰ」だ。日本人旅行客からもよくそういわれる。

「약」の一文字が看板になって店の前に掲げてあるので印象的なのだ。昔は「薬」の漢字も出ていたが、近年は中国人の往来が増えたせいだろうか、「葯」という中国語系の漢字も見かける。

また「銀行」も多い。韓国語読みの「ウネン」は「銀（ウン＝은）」と「行（ヘン＝행）」なので、音がつながって「ウネン（은행）」となる。こうしたつながりをリエゾンというが、韓国語の発音にはこれが結構多いので覚えておいてほしい。

固有語を使った「ハナ（하나）銀行」

街でよく見かける薬局の看板「약（薬）」

銀行には必ず銀行名がつく。従来は「国民銀行（クンミンウネン）」とか「新韓銀行（シナンウネン）」など漢字名が多かったが、近年は固有語が増えた。「ウリ（우리）ウネン」や「ハナ（하나）ウネン」がそうだ。

「ウリ」は「われわれ」で「ハナ」は「ひとつ」の意味だ。「新韓」は「シン（新）」と「ハン（韓）」がリエゾンして「シンハン↓シナン」である。

「プドンサン（不動産）」も「ウネン」と同じく元は日本製漢字語で韓国に定着している。なぜ目立つかというと、韓国社会は不動産価格が常時、右肩上がりで上昇していて、不動産の売買や賃貸契約をはじめ取引がひんぱんだからだ。不動産屋が多いから引っ越しも多い。街には個人経営の小さな不動産屋がいっぱいある。

韓国語的にいえば、不動産屋は昔は「福徳房（ポクトクパン）」といって風情のある名前で韓国情緒が感じられた。ところがマンション時代が始まった1980年代ごろからだろうか「不動産」に変わってしまった。残念（?）である。「タバン」の消滅と合わせ韓国語のために惜しみたい。

「ホップ」や「ブペ」は先に「コーヒー」などのところで指摘したように、韓国語（ハングル）がエフ（f）の音を苦手にしているため、「フ」がpの発音になっているということだ。「ホップ」はドイツ語系で中庭にあたる「ホフ（hof）」のことで、「ブペ」はフランス語系の「buffet」である。

「パン」は日本経由の外来語がそのまま使われている。パン屋さんは「パンチップ（빵집）」といって街で目につく。「チップ」は家とか店の意味だ。韓国も洋食が広がり、街にパン屋さんが増えた。

地下鉄2号線のハングル・ツアー

街のハングルを楽しむには地下鉄に乗るのがいい。駅名を聞いたり、見たりするのは愉快な韓国語学習である。先にも少し触れたが、本格的に探訪してみる。

ソウルの地下鉄網は先進国並みである。ソウル市内どこでも行ける。比較的安く交通カードを買えば自由自在に行き来できる。とくに南北に分ける漢江を越えて往来するには、時間が守れる地下鉄がいい。近年は日本人旅行客の利用も多く見かけ、女性グループがガイドブックを手に行く先を探している。

地下鉄の車内放送はヒアリング勉強にはもってこいなのだが、とりあえず目で見る駅名ツアーを試みてみる。

ソウルの地下鉄路線では2号線がいい。漢江をはさんでソウルの中心部をひと回りする環状線なので、駅名にはソウルの主な地名がほとんど入っている。これさえ知っていればソウルツアーは苦労しない。駅は全部で43あるがすべてを知る必要は必ずしもない。以下で知名度の高いところを中心に半分ほどにあたる20カ所を紹介する。起点をどこにするかだが、光化門広場が近い「ソウル市庁」をスタートに西回りで出かける。

以上の駅名でまず目につくのは大学が多いことだ。梨大（梨花《イファ》女子大）、弘大（弘益《ホンイク》大）、ソウル大、教大（ソウル大教育学部）、建大（建国《コングク》大）、漢陽大に加え、駅名には入っていないが忠正路には京畿大、新村には延世大、西江大があるから合わせて9校にもなる。

ソウル都心を走る地下鉄2号線は東京でいえば「丸ノ内線」みたいで、沿線に大学が多い

시청＝シーチョン（市庁）	충정로＝チュンジョンノ（忠正路）
이대＝イデ（梨大）	홍대입구＝ホンデ、イプク（弘大入口）
신촌＝シンチョン（新村）	구로디지털단지＝クロディジタルダンジ（九老デジタル団地）
당산＝タンサン（堂山）	서초＝ソチョ（瑞草）
영등포구청＝ヨンドゥンポクチョン（永登浦区庁）	강남＝カンナム（江南）
서울대입구＝ソウルデ、イプク（ソウル大入口）	잠실＝チャムシル（蚕室）
교대＝キョデ（教大）	건대입구＝コンデ、イプク（建大入口）
삼성＝サムソン（三成）	동대문역사문화공원＝トンデムン、ヨクサムンファ、コンウォン（東大門歴史文化公園）
강변＝カンビョン（江辺）	
하냥대＝ハニャンデ（漢陽大）	
왕십리＝ワンシムニ（往十里）	
을지로입구＝ウルチロ、イプク（乙支路入口）	

ことも似ている。他の路線への乗り換えポイントも多い。とくに大学が多いと乗降客が多い。韓国では昔から大学前が繁華街になっているので余計、若者でにぎわう。

なかでも「ホンデ、イプク（弘大入口）」は現在、ソウル最大の若者があふれる歓楽街で観光スポットになっている。「イデ（梨大）」は女子大前で昔は先端のファッション・ストリートで知られたが、今は人気は落ちている。筆者は1970年代の留学時代を含め「シンチョン」に長年、住んでいるが、ここも昔から若者街として昼夜にぎわっている。

若者の人出が多い街としてはこの

ほか「カンナム」や「サムソン」がある。

とくに前者はソウルの新市街地で漢江を越えた「カンナム地域」の中心である。「カンナム」は高層マンションとビジネスビルが林立し、所得水準が高い地域として知られる。「カンナムプイン（江南夫人）」やら「カンナム・スタイル」などといった言葉もあり、韓ドラや映画の背景によく登場する。韓国で不動産価格がもっとも高く、この地域のマンション暮らし（いや、所有！）は全国民のあこがれになっている。

右に挙げた駅名のなかで、ひどく長いハングル名が二つある。

まず「クロディジタルダンジ」。「クロ（九老）」という地名がこれまで零細、中小企業中心の、いわゆる工員の街というイメージだったため、それを今風に変えたいということで考えられたネーミングである。

以前は「九老工業団地」といわれた。韓国は今や〝IT（情報通信）王国〟なのでカッコよく「ディジタルダンジ」になった。

似たような駅名では6号線に「ディジタルメディアシティ」というのがある。ワールドカップ・サッカー競技場近くのニュータウンで、MBCテレビなど近年、放送局が多く移ってきている。

もう一つの「トンデムン、ヨクサムンファ、コンウォン」は韓国の鉄道の駅でもっとも長い名前だろう。別の路線で近くに古くから「トンデムン（東大門）」という駅があるため、苦肉のネーミングになった。

ただ「ムンファ（文化）」の部分は「ムン」と「ファ」がリエゾンして「ムナ」になるので、片仮名では「……ヨㇰサ、ムナコンウォン」と書いた方がいいかもしれない。

駅名で「ワンシムニ（往十里）」を挙げたのは、筆者の個人的思い入れからだ。駅名の由来はその昔、王朝時代は東大門や南大門《ナムデムン》の外はいわゆる〝城外〟つまり市外だったことからきている。「ワンシムニ」とは東大門から〝往復十里〟の距離にあるところという意味だ。今もその地名が残っている。

この地名には王朝時代をしのばせる風情がある。韓国を代表する民謡『アリラン（아리랑）』には「シムニ（十里）も行かないのに足が痛い」という文句がある。別れたくない……別れのつらさをそう表現しているのだ。韓国語の情緒としてぜひ記憶していただきたい。

韓国語には伸ばす長音がない

地下鉄ではこの2号線をはじめ、駅名をアナウンスする車内放送は韓国語のほか英語や日本語、中国語でも流されている。ところが日本人には気になるところがある。

たとえば「シーチョン（市庁）」の場合、日本語では「次はシーチョンです」という。「次はしちょう（または、しゃくしょ）です」とはいわないのだ。あるいは「次はホンデ、イプクです」といって「次はほんで（ほんいくだいがく）まえ」とはいわない。「コンデ、イプク」も日本語でいうなら「けんこくだいがくまえ」にしてほしい。

別の路線でよく使う地下鉄3号線の駅に「高速ターミナル」というのがある。地方行き高速バスのターミナルだが、これを車内アナウンスの日本語は「次は、こそくとみのる、です」というのだ。いつもひっかかる。

韓国語には音を伸ばす長音の表記はとくにない。習慣によって伸ばしたり伸ばさなかったりする。前述の「市庁」もハングル（韓国語）では「시청」で、発音は「シチョン」でもいいのだが、実際には韓国人たちは「シーチョン」と少し伸ばしていう。

さらに韓国語の固有語で同音異義語に「マル（말）」がある。これは短く「マル」といえば「ハングンマル（韓国語）」の「マル」で「言葉」の意味になるが「マール」と少し伸ばすと「馬」になる。

日本語には長音がちゃんとあるので、日本語案内放送で「高速ターミナル」をいう時はちゃんと「こーそくたーみなる」といってほしい。韓国語の「トミノル」は原語の英語発音に近いのだろうが、日本人向けには「たーみなる」である。

キンポがギンポに変わった理由

ところで、韓国を訪れた日本人旅行者からよく聞かれる質問に空港の名前がある。ソウルの場合、金浦《きんぽ》空港がそうなのだが、空港ターミナルや地下鉄の空港駅に出ている英語の「GIMPO」に首を傾げるのだ。なぜ「KIMPO」じゃないのか、と。南端の釜山《ふざん》空港も「PUSAN」とばかり思っていたのが「BUSAN」になっている。

これは韓国語学習者には気になる問題なので、その真相を知っておく必要がある。「金浦」の場合、日本人は片仮名では「キムポ」と書き、そう発音する。しかも地下鉄の駅名などの日本語表記は「キンポ」なのだ。ところが英文表記では「GIMPO」になっているのだ。これだと日本語的には「銀浦空港」になってしまうではないか。

韓国語あるいはハングルでは「김포」なのだが、その「김（キム）」の「기（キ）」を日本人は「キ（KI）」というのだが、英文表記では「ギ（GI）」になっているというわけだ。ハングルの「ㄱ」はローマ字では「KなのかGなのか？」という問題である。

結論的にいえば「ㄱ」はKともGとも発音するということだが、日本人には悩ましい。疑問（いちゃもん？）を呈するのには一理があって、金浦空港は以前は「KIMPO」と表記されていたからだ。

なぜKからGに変わったのか？　その理由はこうだ。

ハングル（韓国語）にはkあるいはgにかかわる音（文字）が強弱三つある。弱い順からいえば「ㄲ↓ㄱ↓ㅋ」である。あえて片仮名で示せば「ク↓グ↓クフ」という感じだろうか。そこで韓国政府（！）は、複雑な韓国語（ハングル）の発音を正確にローマ字で表記するためということで、最後の強い音の「ㅋ」はKにし、後の二つはGにすることにしたのだ。

金浦空港は英語では「Gimpo」で日本語では「キンポ」

これが「キムポ」から「ギムポ」への変化の真相だが、となると韓国人の姓でもっとも多い「金（キム、김）」はどうするのか。金大中《キムデジュン》大統領もそうだったが、この姓の人はみんなパスポートなど英文表記では「KIM」になっている。これも金浦空港のようにみんな「GIM」に変えないのか？

韓国政府の国立国語研究院がこうした英文表記の問題について、ソウル外信記者クラブで記者会見したことがある。筆者はその件を質問した。答えは「名前を含む固有名詞など従来から慣習的に使われてきた表記はそのままでいい」だった。

は、それなら固有名詞の「KIMPO」もそのままでいいのではないのか？　英語圏の記者に聞いたところ「GIMPO」より「KIMPO」の方が原語音に近いといっているが……と追加質問したが、その答えは「韓国語のローマ字表記というのは必ずしも外国人のためではない。あくまで韓国語の音をより正確に表記するためだ」というそっけないものだった。

変更論の根拠は、「K」だと「ㅋ」の音に近いので「ㄱ」はGだという。

「PUSANかBUSAN」も同じことである。このPかBかは韓国語学習的には以下を知っておけばいい。韓国語にはpまたはbになる音（文字）としては「ㅃ、ㅂ、ㅍ（プ、ブ、プフ）」があり、強弱の順では最初の二つはbに、最後の強い音はpにするというのが原則ということだ。

しかしこれも人名など慣習上の例外はOKになっている。人名の「朴（박）」の英文表記は原則では「BAK」だが、これまでみんなが使ってきた「PAK（あるいはPARK）」でもいいというのだ。

なぜかギムチではなくてキムチ

これじゃ原則といっても現実的には原則は崩れているようなものだ。その結果、こんなこともあった。

日本人にとってもっとも人気の韓国土産はキムチとのり（キム）だが、空港で売っているお土産の包装の英文表記が一時、「GIMCHI」や「GIM」になったことがある。政府の国語政策の影響である。

ところが今はみんな「KIMCHI」や「KIM」になっていて、空港ターミナルビルだけが「GIMPO」である。

光化門前の道路標識

アシア航空を所有していた中堅財閥の「금호（クムホ＝錦湖）」グループもそうだ。


国立国語研究院の原則では、英文表記は「GUMHO」であるはずなのに「KUMHO」になっている。企業の固有名詞だからというわけだ。ところが一方で、地下鉄3号線にある同名の駅の英文表記では「GUMHO」と書かれている。

いったいどうなっているのだろう？

以上は表記上の問題という意味が大きく

て、日本人が聞いたり話したりする上ではとくに支障ない。というのは、日本人が「きんぽ」といおうが「ぎんぽ」といおうが、「ぶさん」を「ぷさん」といおうが韓国人の耳には同じだからだ。ただ先に指摘したように、いわゆる激音にあたる「ヨ」などが要注意ということはある。とりあえずはあまりこだわらず先に進む。

ソウルの街に戻る。この章の冒頭に紹介した光化門広場のことだが、「光化門（광화문）」という地名（固有名詞）も当局の道路標識の英語は「Gwanghwamun」でGになっているが、昔はKだった。結局、発音的にはどっちでもいいのだが、ハングルの英文表記としてはあえて区別しているというわけだ。これはソウル市の仕事として当局らしい原則へのこだわりか？

街の通りの風景として、たとえば韓国最大の靴メーカー「金剛（クムガン）製靴」はソウル中心街にいくつか直売店を構えている。筆者もよく利用する。社名は韓国語では「금강」で、その英語名は昔から「KUMKWAN」である。今も店の看板はそうなっている。当局の原則論だと「GUMGWAN」なのに。

英語の音感としてはKに比べてGはどこか重たい。ファッショナブルでありたいシューズメーカーのイメージとしては、やはりGよりKだろう。政府の国語政策も現実には勝てないようだ。

こんな疑問や不満を感じながら〝ハングル街歩き〟をするのも面白いではないか。

韓国語も数字は二種類ある

最後に、街の風景のみならず日常生活に欠かせない数字のことを紹介しておく。

韓国語の数字で重要なポイントは、日本語と同じく「いち、に、さん……」と「ひとつ、ふたつ、みっつ……」のように二種類の言葉があることだ。数え方が一種類しかない英語や中国語とは異なる。

韓国語と日本語が二種類になっているのは、漢字語の数字が後に入ってきたためだ。その使い分けは習慣として覚えるしかない。外国語はやはりまる覚えがいちばんなのだ。

以下は上が「ひとつ、ふたつ、みっつ……」という固有の生活語的ないい方で、下が「いち、に、さん……」にあたる漢数字的ないい方だ。韓国語では日常的には前者の「ひとつ、ふたつ……」の方が使いでがあるので上に置いた。

1、ハナ（하나）イル（일）
2、トゥル（둘）イー（이）
3、セッ（셋）サム（삼）

4、ネッ（넷）サー（사）
5、タソッ（다섯）オー（오）
6、ヨソッ（여섯）リュク（륙）
7、イルゴプ（일곱）チル（칠）
8、ヨドル（여덟）パル（팔）
9、アホプ（아홉）クー（구）
10、ヨール（열）シップ（십）

10以上の数字は、11なら10と1で「ヨルハナ」あるいは「シビル」で、12なら10と2で「ヨルトゥル」あるいは「シビー」……というように、基本的には単にくっつけていけばいい。

数字は韓国語も日本語も二種類あって基本的には同じと書いたが、用途には違いがあるので面白い。

たとえば運動の際の掛け声は、日本語では漢数字で「いち、に、いち、に」というが韓国語では固有語の「ハナ、トゥル、ハナ、トゥル」だから、日韓は必ずしも重ならない。これを「面倒だなあ」といわずに、「ほかに日本語との使い方の違いはないのかしら？」と頭をひねるのが、外国語学習の楽しみ方である。

第八章

韓国語はケンチャナ精神で

ケンチャナヨに見る思いやり精神

日本人の間で昔から知られている韓国語に「ケンチャナヨ」がある。韓国では日常的によく使われていて、韓国人にとってはこれまた口グセのような言葉になっている。ことさら深い意味があるわけではなくて、気軽によく使う。

しかし日本人の関心というのは、言葉そのものというよりその言葉を使う韓国人への関心、面白さといった方がいいかもしれない。したがって日本での「ケンチャナヨ」は、時に韓国人や韓国文化を語る際のキーワードになったりする。この言葉をタイトルにした韓国本まであったように思う。

ということは、この言葉は観光など旅行者の通過的体験からというよりも、ビジネスマンなどの滞在経験からもたらされた感じがする。それだけ生活に密着した暮らしの言葉というわけだ。韓国で生活経験のある日本人にとっては、懐かしい韓国語でもある。

で「ケンチャナヨ」とは、辞書的には「よろしい、構わない、悪くない、差し支えない」などとなっている。くだけた日本語でいえば「いいよ、いいよ」とか「平気、平気」「気にしない」にあたる。

英語では「ドンマイ（ドントマインド、Don't mind）」や「ネバーマインド（Never mind）」ということになろうか。聞くところによると、タイにも似たような言葉で「マイペンライ」というのがあり、インドネシアの「ティダアパアパ」も似ているという。

したがってどこの国にも、よく使われる似たような日常用語があるということなのだが、それがなぜ印象的な韓国語として日本人に知られるようになったのか？　これが面白い。背景には、この言葉に対する日本人の深刻（？）な〝誤解〟があった、というのが筆者の見たてである。韓国語の面白さの一環としてそれを紹介する。


日本ではこれまで「ケンチャナヨ」については、もっぱら否定的イメージで語られてきた。その〝ケンチャナ体験〟の感想として「韓国人はいい加減だ」「無責任だ」「こまかいところに気を配らない」「ルーズだ」……などといわれてきた。そこから「ケンチャナ文化」とか「ケンチャナ精神」などといった皮肉まで登場した。

たとえば具体的な例として、韓国人は人の足を踏んでも「すみません」とはいわず「ケンチャナヨ」というとか。コーヒーショップで従業員が客のヒザに水をこぼすなど粗相しても「ケンチャナヨ」というとか、仕事でミスを指摘されても「ケンチャナヨ」で済ますとか。そこで「人に迷惑をかけておいて〝気にしない〟とは何だ！」と怒る。

何でも「すみません」といい過ぎる日本人からすると当然、違和感がある。そこで「加害者が被害者に対しケンチャナヨとは理解できない」というわけだ。

ところが「ケンチャナヨ」の〝真相〟は決して責任逃れや気配り不足ではない。むしろ逆にそれが彼らの気配りの心なのだ。筆者もはじめのうちは怒ったり皮肉ったりしていたが、そのうち分かった。

どういうことかというと、「ケンチャナヨ」とは、被害を受けた相手の気持ちをまずいたわり慰めようとする、実は思いやりの言葉である。「すみません」という謝りや責任のことより、まず相手をいたわって安心させるという、配慮が優先していると考えるべきなのだ。

たとえば大けがをして不安いっぱいの人に「心配しないでいいですよ、大丈夫ですよ、すぐよくなりますから」などといって、とりあえず不安感をなくしてあげるあの心情である。

もちろん「大丈夫ですよ」「気にしないで」という言葉には、そういって自分も安心したいという、ある種の逃げの心理があることも事実だ。しかし、あくまで基本心理は相手への癒しやなぐさめ、配慮であって、無責任なわけではない。

もしそれを「ケンチャナ文化」とか「ケンチャナ精神」というなら、それは韓国人の〝美点〟として高く評価すべきだろう。

したがってわれわれ日本人も、韓国人との付き合いにおいてはこの言葉を大いに使えばいい。無責任などと肩ヒジ張らずに、万事「ケンチャナヨ」で対応すればなごやかになる。つまり「ケンチャナヨ」で韓国人になった気分？　おススメ韓国語の一つというわけである。

ところで「ケンチャナヨ」は韓国語では「괜찮아요」と書き、正確な発音は「クェンチャナヨ」である。しかし「ケンチャナヨ」といっているように聞こえる。だから頭の「クエ」を「ケ」といっても構わない。文字通り「クェでもケでもケンチャナヨ！」なのだ。ついでにいえば「会社（회사）」は正確には「フェサ」だが「ヘサ」でいいし、韓国で偉い人の代名詞である「会長さま（회장님）」も正確に「フェジャンニム」といわなくても「ヘジャンニム」でいい。歴代大統領のなかでもっとも功績のあった朴正煕の名前は「박정희（パクチョンフィ）」だが「パクチョンヒ」と聞こえる。とりあえずはみんなそれで「ケンチャナヨ」だ。

「ウドン」ではバスに乗れない

外国語はやはり発音が難しい。最初から正確な発音はなかなかできない。しかしこのことは外国人だから当然で仕方ないのだ。失敗したからといって失望することはない。むしろその失敗を楽しめばいい。それが外国語を学ぶ面白さであり楽しさである。

たとえばソウル駐在の日本人記者仲間の話でこんなことがあった。ソウル派遣の日本人記者も最近は留学経験者が多い。韓国語を学んでから韓国で仕事をしろというわけだ。ある日、そんな記者が楽しそう（！）に教えてくれたエピソードがある。

地方取材に出かけた時のことだ。地方行きはだいたいバスを利用するので、先に登場した「コソㇰボストミノㇽ」から高速バスに乗る。帰りは地方の小さな「トミノㇽ」で乗車券を買った。

ソウル行きのバスには、ゆったりしたシートで乗り心地のいい直行便があった。こうした便を「優等」といい料金は少し高い。韓国語では「ウドゥン（우등）」という。

そこで彼は窓口のお姉さん（オンニ）に「ウドゥン、ジュセヨ！」といった。「ジュセヨ」は「ください」という意味である。ところが「オンニ」は怪訝な顔をして「ウドン？　あちらよ！」といってあらぬ方向を指差したというのだ。以上である。

本人は「優等」を買おうと思って「ウドゥン」といったつもりだったが、お姉さんには「ウドン（우동）」と聞こえ、「うどん屋」の方を指差したというわけだ。

くだんの記者は「いやあ、まいりましたよ」とニコニコしながら話してくれた。留学生上がりとしては、本来なら自尊心にかかわりかねないまずいエピソードだが、実にうれしそうだった。ちなみに「ウドン」の語源は中国語の「饂飩《うんどん》」だからなどといって、韓国では日本語をそのまま使っている。

これは「ウドゥン（우등）」と「ウドン（우동）」が「ケンチャナヨ」にはならなかったケースだが、そういう時もある。しかしその記者は韓国語にかかわる面白ネタをひとつものに

した気分で、失敗を大いに楽しんだのだ。

帰宅のタクシーがなぜか市役所へ

他人の失敗談だけ紹介するのは卑怯《ひきょう》というものだ。筆者のミスも書いておく。語学留学時代に経験したことで、今でも後輩たちには機会あるごとに紹介する話だ。これは「ウドン」とは比べ物にならないくらいの、韓国語の発音に関する重大事（！）である。

当時、筆者は地下鉄2号線の「シンチョン（신촌）」に下宿していた。漢字では「新村」だが、近くにある延世大学の語学学校に通っていた。今もそうだが、大学前は繁華街になっていて飲食店やヤング・ファッション店などでにぎわっている。当時、われわれ語学留学生たちは「昼はヨンセ（延世）大学で学び、夜は夜間大学で学ぶ優等生」といってがんばっていた。

夜間大学とは「シンチョン」一帯に多かった飲み屋のことをいう。韓国語では「スㇽ（酒）」と「チップ」（家）で「スㇽジップ（술집）」というが、店での女性従業員たちとの会話が韓国語の実践学習に最適だった。一石二鳥で夜な夜な通った。

留学といっても根が新聞記者なので、大学や下宿周辺だけにとどまっていることはない。毎日のようにあちこち出歩く。まだ交通が不便だったので、夜遅くや寒い冬となるとタクシーで帰宅することが多かった。

タクシーに乗ると運転手の「キサニム（技師さま）」に行き先を告げなければならない。その際の会話は日常生活において必須だ。初歩学習者にはひと苦労だが、一方では勉強になる。住んでいたのが「シンチョン（新村）」だったので当然、「シンチョンに行ってください」という。

「行ってください」は「カージュセヨ」だが、当時は「行きましょう」といういい方の「カプシダ」が一般的だった。そこでタクシーに乗ると「シンチョン、カプシダ！」という。

ところがタクシーは、下宿の方には向かわず別の方向に走っているではないか。「道が違いますが……」というと「キサニム」は「シーチョン（市庁）に行くんじゃなかったのか！」という。筆者は「シンチョン」といったつもりが「シチョン」に聞こえていたというわけだ。

自分の住んでいる住所さえまともに発音できないとは！　この一件の後はしばしば落ち込んだものである。

ハングルで書くと「신촌（シンチョン）」と「시청（シチョン）」だが、この発音上の区別が日本人にはいささか悩ましいのだ。「市庁」の方は「シチョン」でも「シーチョン」でもまあ間違われないが、問題は「シンチョン（신촌）」の方だ。これが意外に難しい。日本人

はこの発音がうまくできず「싱청」になってしまうため、タクシーは「시청」に向かうことになる。

日本語の片仮名で書けば「신」も「싱」も同じく「シン」だが、日本人には「シン（新）」の「ヌ」に似た「ン（n）」にあたる「ㄴ」がうまくいえず「ング（ng）」の「ㅇ」になってしまうのだ。日本語では「ン（n）」と「ング（ng）」の区別はなくみんな「ン」だが、韓国語はその区別がはっきりしないと意味も違ってくる。

日本人には「ン（ㄴ）」の発音が難しい。これはNHKのNを「エヌ」という時の「ヌ」と思えば分かりやすい。だから「신（シン）」も「シヌ」という感じが正解だ。

「シンチョン」の発音については「チョン（촌）」もまた悩ましい。実は「チョン」の「オ（ㅗ）」も難問なのだ。韓国語の発音には「オ」が二つある。あいまいな「어」と、唇を丸く突き出し「オォ」というようなはっきりした「오」がある。「チョン」の「オ」は後者なので少し強く「チョオン」という感じになる。

以上を簡単にいえば、日本人はエヌにあたる「ン（n）」の音や、大きくはっきりした「オ」が苦手なので、これらは意識して発音すべし、ということである。

発音の極意は夜間大学で学ぶ

筆者が、わが第二の青春の街——「シンチョン（신촌）」の発音の極意が分かったのは夜間大学のおかげだった。店のオンニたちは筆者の悩みに対しこう教えてくれた。

「クロダキジャ（記者）ニム、こういいなさいよ。まず〝シン〟のところでちょっと区切り、その後は激音のチョにアクセントをおき、少し伸ばすように〝シン、チョーン〟といえばいいのよ！」

たしかに「シン」で区切るとnの音がしっかりする。さらに「チョー」と伸ばせば最後のnもうまくいえる。

その時、ついでに「市庁」についても、最初をちょっと伸ばして「シーチョン」といいなさいといってくれた。「シン、チョーン」と「シーチョン」で授業料（チップ）がかさんだことはいうまでもない。

この後、おかげさまでタクシーに乗って「シーチョン」に向かったことは一度もない。今も若者街の「新村」に住んでいるので「シン、チョーン」といい続けている。

少し発音に深入りし過ぎた感じがする。冒頭の話にもどれば、韓国語のみならず外国語学習においてはそれこそ「ケンチャナ精神」が必要である。間違っても「ケンチャナヨ」だし、文法通りでなくても、発音がおかしくても、とりあえずは気にせずに「ケンチャナヨ」でやってほしい。

とくに発音は慣れである。耳を傾けてよく聞き、真似することを続ければ何とかなる。最後は時間が解決してくれる。

何といってもありがたい語順

以上のように韓国語は、日本人にとっては発音がいささか厄介なところがあるのだが、その代わり日本人にとってありがたいことは語順が日本語と一緒ということだ。発音が多少、引っかかったとしてもこのことに日本人は勇気付けられる。そこで〝口直し〟のつもりで気楽な語順の話を書く。

語順問題はたとえばこうだ。韓国語も「私」「は」「日本」「から」「来た」「留学生」「です」と、単語を順番につなげていけば完全に意味が通じるということだ。韓国語で書くとこうなる。

저（チョ＝私）는（ヌン＝は）일본（イルボン＝日本）에서（エソ＝から）온（オン＝来た）유학생（ユハクセン＝留学生）입니다（イミダ＝です）。

もっと長い文章で「昨日」「夜」「酒」「を」「あまりに」「たくさん」「飲んで」「頭」「が」「痛かった」「ですが」「よく」「眠った」「結果」「朝」「には」「よくなり」「無事に」「会社」

「に」「出勤」「しました」といった文章でもまったく同じで、順番に単語をつなぐだけでいい。

어제（オジェ＝昨日）밤（バム＝夜）술（スル＝酒）을（ル＝を）너무（ノム＝あまりに）많이（マニ＝たくさん）마셔서（マショソ＝飲んで）머리（モリ＝頭）가（ガ＝が）아팠（アッパ＝痛かった）지만（チマン＝ですが）잘（チャル＝よく）잔（チャン＝眠った）결과（キョルグア＝結果）아침（アッチム＝朝）에는（エヌン＝には）좋아지고（チョアジゴ＝よくなり）무사히（ムサヒ＝無事に）회사（フェサ＝会社）에（エ＝に）출근（チュルグン＝出勤）했습니다（ヘッスミダ＝しました）。

英語のように途中でひっくり返ったりはしない。相撲を例にいえば、内掛けや外掛け、うっちゃりなどはないので、ひたすら前にまっすぐ押していけば通じるみたいな話だ。これは実にありがたい。

語順では印象的な思い出がある。筆者が韓国を初めて訪れたのは1971年の夏で、まだ二十代だった。初めての海外旅行でもあったが、その時のことである。

友人と二人で夏休みを利用し出かけた。韓国語は簡単な単語を知っている程度だった。友人と一緒に知り合いの在日韓国人のお年寄りから〝酒飲み話〟で教えてもらっていたので、その〝現地研修〟をかねた韓国旅行とカッコつけたのだ。

日本の「いろは」というのは韓国では「カナダラ」という。つまり韓国語を初めから学ぶ時は「カナダラから始める」という。ハングルで書けば「가나다라」である。ちなみにソウルには大学以外で韓国語を教えている老舗の語学学校に「가나다（カナダ）学院」というのがある。

ただこの学校の日本向け名称は「カナタ（GANADA）韓国語学院」になっている。国名のカナダと間違われないための便法と思われる。

したがってわれわれ二人にはごく初歩的な「カナダラ」程度の韓国語知識しかなかったのだが、まだ若い記者時代だったので一週間の滞在中、好奇心にまかせあちらこちら出歩いた。

ある日、史跡探訪でソウル近郊の小都市に出かけ、昼食時に駅前の小さな食堂に入った。暑い夏だったのでビールを飲もうか、となった。「ビール」が「メクチュ（麦酒）」ということぐらいは、酒好きの二人だから先刻ご承知だ。

「ください」も片言韓国語のレパートリーに「ジュセヨ」と入っている。

「メクチュ、ジュセヨ、だったよなあ……」といいながら注文しようとした際、それまで別の店でぬるいビールしか出なかったので「冷えたビール」がほしいねえ、となった。しかし「冷えた」とか「冷たい」をどういえばいいのか分からない。はて、困った。

そこで思いついたのが「冷蔵庫にあるビール」だった。これで通じるだろう。急ぎ〝韓作文〟にかかった。

「冷蔵庫」は「ネンジャンゴ」で知っていた。「に」は「エ」だし、「何々がある……」の「ある」は「イッヌン」という。初歩的な「カナダラ」級でも「ある」は「イッヌン」で「ない」は「オプヌン」くらいは知っている。この三つをビールにつなげ、最後に「ジュセヨ」をくっつければいい。

注文待ちの店番の少年に向かって「ネンジャンゴエ、イッヌン、メクチュ、ジュセヨ」といった。それを聞いた彼がニッコリ笑っていったのが「ああ、ヒヤシ！」だった。今から半世紀前のことである。

ちなみに後年、「冷えたビール」の「冷えた」はどういえばいいのか分かった。「涼しい」という意味の「シウォンハダ」からくる「シウォナン」で「シウォナン、メクチュ」だった。エアコンや扇風機の前で「ああ涼しい」という時も「シウォネヨ！」といえばいいということも知った。

余談的だが、熱い湯に入った時、韓国人は「アー、シウォネ！」というし、激辛を食べて額に汗を出しながら「シウォネ！」という。これには最初、「逆じゃないの？」と首を傾げたが、後になって、熱くても辛くても「スカッ」とするので「シウォネ」なんだと分かった。それから、どこかかゆいところをかいてもらっても「シウォネ」だ。こうした韓国語の感じは実に楽しい。

韓国語は日本語と語順が同じだから学びやすい、ということを示すために、少し無理して文章を作ってみた。ここでは文法上の決まりや約束事の詳細には触れていない。それは別の機会に学ぶこととし、とりあえずは韓国語の文章の仕組みのやさしさ、分かりやすさを知って、韓国語勉強に意欲を感じていただければ幸いである。

会話を楽にする韓国語版「あの……」「その……」

第二章で「……ンデ」の話を紹介した際、筆者が韓国語を学ぶ過程で目からウロコが落ちたというか、韓国語が突然、うまくなったように感じたと書いた。文章が細切れで終わったのではどこか幼い感じで落ち着かない。ところが短文を「……ンデ」でつなげて長くすると、どこか大人っぽくなり、かつ韓国人になったような気がするからだ。

その意味では、文章（あるいは会話）を長くすることは間違いなく自信につながる。

しかし最初から背伸びすることはない。まずは短文や単語で韓国語の面白さを知り、それを楽しむことが今後の学びにつながるという考えから、ここまでさまざまな感嘆詞などを紹介してきた。

そこで以下では、韓国語と韓国人についての〝感じ〟をつかむため、さらに便利な〝ひと言〟にこだわってみたい。

韓国語を習いはじめてしばらくたったころ「ああ、この言葉が知りたかったんだ！」とひどく合点したことがある。語学学校ではなかなか教えてくれなかったのだが、韓国人に聞いて分かった。

それは文章ではないし、単語というには大げさだ。あえていえば〝つぶやき〟のようなものだが、これがあれば実に使いでがあって韓国人になったような気分がするのだ。

何かというと、人がモノをいう時にまず口に出る「あの……」とか「その……」「この……」というあれだ。

これが韓国語にもあるはずだ。これを知れば会話はずいぶん楽になるだろうと思っていた。たとえば人から何かいわれた時、初心者の場合、すぐ韓国語は出てこない。対応する韓国語が口に出るまでに、間というか時間と心の余裕がほしい。その際、切実に必要なのが「あの……」「その……」である。日本語では「えー……」もそうだ。

当然、韓国語にもあった。基本的には次の三つである。

チョー（저＝あの）
クー（그＝その）
イー（이＝この）

間をとる言葉だから、少し伸ばしていうのがコツである。言いたいことがなかなか出てこない時には「チョ、チョ、チョ……」などと繰り返すこともある。これにもう一つ、「あの……」にあたる「チョギ（저기）」もよく使う。

日本語でもそうだが、こういう言葉はその人の口グセで使い方はさまざまだ。「あの、あの、あの……」の人もいれば、ひと言いうたびに「その……」を差し挟む人もいる。韓国語でもまったく同じで、話の途中でしきりに「チョギ」「チョギ」……という人が結構いる。間を取るのにはそれほど便利だということだ。

「チョギ」については別途、「チョギヨ」もあって、これはお店をはじめ誰かに呼びかける際、よく使う。先に紹介した「ヨギヨ」と似た使い方である。

筆者の留学時代、日本人の勉強仲間にこれらの単語を覚え、乱用（？）していたのがいた。彼は「クー」が好みだった。たいした話をするわけでもないのに、韓国語となるとひと言いうたびに「クー」「クー」「クー」……というのだ。そばで見かねて、いや聞きかねて「そんなにハトみたいにクー、クーいうなよ！」とよく冷やかしたものだ。
「チョー」「クー」「イー」「チョギ」は好みにしたがって使えばよい。年齢、男女に関係はないが、どちらかといえば日本と同じで、女性より男性の方がよく使う。ただ便利で韓国語が分かったような気分になるだけだから、そこに安住してはいけない。「クー」と「クー」の間の韓国語の習得に、それなりに励まなければならないことは当然である。「クー、クー……」だけではハトである。

まさか、やはり、そうそう……

いささか大げさにいえば、文章にしなくても会話や対話になる単語というのがある。そのひと言だけをいって、あとはその場の雰囲気や身振り、表情などで意思疎通をするというお手軽手段だが、韓国語の雰囲気をつかむには格好である。ひと言だけいって、相手の表情や出方をうかがうというのはカッコいいではないか。
たとえばもっとも簡単な「なぜ？」がそうだ。韓国語では「ウェ（왜）」だが、これだけではぶっきらぼう過ぎるので丁寧語尾の「ヨ」を付けて「ウェヨ（왜요）？」といえばいい。疑問や軽い抗議、反対の意思表明として日本語で「どうして？」というように、韓国語でも「ウェヨ？」のひと言で十分だ。

同じく疑問や驚きの言葉で、どちらかといえば若者や女性の間でよく登場する「ほんと？」にあたる「チンチャ（진짜）」や「チョンマル（정말）」も使える。

これらを少し丁寧にいう時は「チンチャエヨ？」「チョンマリエヨ？」というが、この言葉は「エヨ」抜きの「チンチャ？」「チョンマル？」の方が可愛くて軽快感がある。もちろん年齢に制限はない。

あるいは「早く！」や「ゆっくり！」もそうだ。「早くしよう」とか「ゆっくり見ましょう」などといわずひと言でも、その時の状況で通じる。

「早く」は「パルリ（빨리）」で「ゆっくり」は「チョンチョニ（천천히）」。

いずれも二回重ねると臨場感が出て効果的だ。その際、当然だが前者は早い口調で「パルリ、パルリ！」といい、後者はゆっくりと「チョーンチョニ、チョーンチョニ！」と伸ばしていう。

前者は早口だと「パリ、パリ！」と聞こえるので、それでもいい。

「パリ、パリ」については日本では、日本語の「バリバリやる」の「バリバリ」との共通説もあるが、はて？　この「パ」と「バ」はハングル音では同じといっていいが、「パリパリやる」ことは「バリバリやる」ことでもあるので、共通点があるのかもしれない。

韓国語には別途、「バリバリ（바리바리）」という言葉があって、これは「ごっそり、あれ

ソルマ（설마）まさか	ヨクシ（역시）やはり
ホクシ（혹시）ひょっとして	アマ（아마）おそらく
クレヨ（그래요）そうです	マジャヨ（맞아요）その通り

これ全部」といった意味である。日本語の「バリバリ」はこちらに近い？しかし韓国語の「バリバリ」にはモノのイメージはあっても、動作のイメージはまったくない。

ひと言韓国語については、感嘆詞をはじめすでにかなり紹介しているが、そのほかに上の表のような言葉も楽しめるかもしれない。

このうち最初の単語は「ソルマ……」といって絶句するシーンになり、独り言でよく使われる。最後の二つ（クレヨ、マジャヨ）はいずれもしり上がりに発音すれば「そうですか？」「本当ですか？」と疑問形になる。

「クレヨ」の方は会話で相手の話を聞きながら相づちをうつ時によく使う。話しながら「クレヨ、クレヨ……」といってうなずくし、スマホを耳にあててしきりに「ク」、「クレ……」といっている。丁寧語尾の「ヨ」をはずした「クレ」は、親しい間柄の会話や電話口でよく登場する。「そう、そう……」の調子で「クレ、クレ……」というのは韓ドラや映画でおなじみのシーンだ。

平昌冬季五輪の「モルゲッソヨ秘話」

ひと言韓国語の最後にとっておきのエピソードを紹介したい。日本で突然、有名になった意外な韓国語のことだ。これには面白いストーリーがある。

2018年2月、韓国の平昌（ピョンチャン）で開催された冬季オリンピックでのできごとだ。メインプレスセンター前に韓国の造形アーティストの作品が展示されていた。「弾丸男（BULLET MAN）」と題されたモダンアート系の奇抜な作品で、弾丸や男根を連想させる丸い頭をした柱状の造形品だった。

これが取材にきた日本のスポーツ紙の記者の目にとまった。不思議な物体なので記者は地元の案内のボランティアに「これは何ですか？」と聞いた。その答えが「モルゲッソヨ」だった。重ねて質問しても「モルゲッソヨ」というばかりだった。

そこでくだんの記者は、その芸術作品の名前を「モルゲッソヨ」として日本の新聞で紹介したところ、作品の特異性もあって有名になってしまったというのだ。

以上はソウルで面白おかしく伝えられた話だが、「モ

平昌冬季五輪で話題の「モルゲッソヨ」像（写真　アフロ）

ルゲッソヨ」は韓国語では「知りません、分かりません」の意味である。日常的に非常によく使われる言葉だが、ボランティアの韓国語がそんなかたちで日本で広まって(?)しまったというわけだ。あの芸術作品は今も日本では「モルゲッソヨ」の名前で知られているとか。韓国語をめぐるすごい誤解なのだが、おかげで韓国語が有名になったのだ。実に愉快な〝平昌冬季オリンピック秘話〟である。

「モルゲッソヨ(모르겠어요)」はもっと気軽にいう時は「モルラヨ(몰라요)」となり、女性が「知らない、知らない……」などと可愛くすねてみせる時には「モルラ、モルラ……」と重ねていう。

この「モルラヨ」には筆者の思い出もある。先に紹介した1971年夏の韓国訪問における初めての〝韓国語現地体験〟がそれだ。

ソウルで老舗の百貨店に買い物に出かけたのだ。もう今はない「和信《ファシン》百貨店」で、日本統治時代にできた古くからの店だった。

女子店員に韓国語のメモを見せて「これ、イッソヨ?」と聞くと「オプソヨ」という。そこで、どこにあるか聞くとぶっきらぼうに「モルラヨ」とだけいって去ってしまったのだ。

半世紀も前のことだが「百貨店でお客さんに〝オプソヨ〟と〝モルラヨ〟のふた言だけかあ……」と驚き、感動(?)した。当時の韓国の流通界はそんな水準だった。もちろん現在の韓国の百貨店からは想像もできない風景なのだが。

どうですか、韓国語は難しいですか？　おそらく正直にいってまだ「モㇽゲッソヨ」かもしれない。筆者としていえることは韓国語風に「パイティン（fighting）！」しかない。

第九章

日韓の誤解を楽しむ

漢字語の解釈をめぐって外交問題に？

日本と韓国についてはよく「近くて遠い国」などという。これを日本人と韓国人にすると「似ているようで似ていないが、似ていないようで似ている」などといったりもする。筆者の最初のまとまった韓国取材レポートである『韓国社会をみつめて』（1983年、亜紀書房刊）のサブタイトルは「似て非なるもの」となっている。これは日韓の似ていることを前提に異質感を強調したものだった。

日韓のこうした微妙な間柄に関連し筆者は「異同感」という言葉を思い付き、ウオッチャーとしてその面白さを追っかけてきた。韓国語もまたこの「異同感」の対象である。ここまで書いてきたなかでその一端がうかがわれると思う。

端的にいえば、日本語とは語順が同じであることや漢字語が多いことは「同」であり、文字と発音は「異」である。しかし「同」である漢字語をめぐっても意外に深刻な「異」があって、時にそれが外交問題にまで拡大する。これまた韓国語の面白さである。

韓国語と日本語における「異同感」は時にお互いに誤解をもたらす。その誤解も楽しい？以下はその話である。

たとえば金泳三《キムヨンサム》大統領時代（1993～98年）のことだが、ある時、韓国政府の外交政策を批判する記事を書いた際、大統領の発言を「唐突だ」と表現した。外交姿勢の突然の変化についてそう書いたのだが、この言葉が問題だとして青瓦台《チョンワデ》（大統領府）の外国報道担当官に呼び出され、強い口調で抗議されたのだ。

理由を聞くと、記事内容ではなく「国家元首に対する冒瀆《ぼうとく》だ」という。日本の新聞記事の「唐突な発言」という表現が国家元首冒瀆とは、はて？

さらに詳しく聞いて分かった。「唐突」は日本語では「急に、突然」という意味に使うが、韓国語の「タンドル（당돌）」は違うというのだ。同じ漢字語でも韓国語には「向こう見ず」とか「とんでもない」という否定的な意味合いがあり、子どもをたしなめる時などによく使うというのだ。

その結果、「大統領を子ども扱いしてバカにした」ということで、国家元首冒瀆になったというわけだ。

この韓国語の意味合いは筆者も知らなかった。韓国語のいい勉強になった、と一方では感謝したのだが、それにしても記事は日本語で日本の新聞に書いたのだから、日本語として読んでもらわなければ困る。「東京の韓国大使館の日本語理解力に問題があるんじゃないのか」と嫌みをいって青瓦台を辞したのだった。

ほかにもまだある。以下は韓国政府当局とのトラブルではなく、韓国マスコミとの言語的葛藤《かっとう》である。

ビビンバ妄言事件の真相は

李明博《イミョンバク》大統領時代の2009年、筆者のコラム記事をめぐって起きた「ビビンバ騒動」のきっかけは言葉だった。韓国食の名物「ビビムバップ（비빔밥）」について「羊頭狗肉」という表現を使ったことで韓国世論が猛反発したのだ（詳細は角川新書『韓国 反日感情の正体』参照）。

この件にはちょっとしたストーリーがある。当時、李明博政権は「韓国食の国際化」を国策スローガンに、ビビンバ（日本ではそういう）を国際的に売り出そうとしていた。大統領夫人がキャンペーンの先頭に立ち、内外でPRに余念がなかった。その一つで米ニューヨーク・タイムズにビビンバの広告が出た。カラー写真のビビンバは見事な彩りで美しく、うまそうだった。

筆者のコラムは〝ビビンバ国際化作戦〟を紹介したものだったが、その際、米紙の広告に触れ「写真は実に美しいが食べる時はかき混ぜて正体不明になるので米国人には〝羊頭狗肉〟かも」といった感じで皮肉った。

ところがこれに韓国メディアがかみついたのだ。「わが国の食文化を冒瀆するクロダ妄言」

として糾弾され、警察当局が「身辺警護しなくてもいいか？」といってくるほどの騒ぎになってしまった。

当時の韓国メディアの〝クロダ叩《たた》き〟を振り返ってみると「羊頭狗肉」へのこだわりが目につく。

韓国語では「ヤンドゥクユク（양두구육）」といい、いわゆる〝四字熟語〟の一つとしてよく使われる。

ところでメディアの報じ方を見ると、日本語以上に否定的なニュアンスなのだ。日本では看板と実物が違うとか、触れ込みと実際が違うとか、割と気軽に使われ、時にはユーモア含みにもなるのだが、韓国では詐欺や悪徳行為のようにひどく印象が悪いのだ。

結局、クロダ記者は韓国人が愛してやまない食文化を〝詐欺〟といって罵倒《ばとう》した、ということになってしまった。

テロ脅迫まであり、あまりに非難が強かったのだが、ここであらためて「羊頭狗肉」なる言葉に頭をひねってみた。もともとこの言葉は中国起源である。「羊の頭」を看板に掲げて「犬（狗）の肉」を売るという、肉食文化の産物と思われるが、魚食文化の日本人にはその真髄は分からないということだろうか、などと。

肉食文化の流れが強い韓国なので、看板に偽りあり的な「羊頭狗肉」なる言葉の意味合いは、日本より深刻なのだろうか。日本人としては、言語的にどこかすれ違いの感じが否めないのだ。あるいは漢字熟語に対する過剰な意味付与かなとも考えた。漢字を使わなくなったことで、逆に漢字語に重みを感じるという逆説だろうか。

日韓両首脳の発言で大騒ぎ

また2019年夏、日本からの対韓制裁的な輸出管理強化策をめぐって日韓関係が悪化した際、文在寅大統領の日本非難の言葉が言語的に話題になった。この時は韓国語に対する日本側の翻訳、解釈に問題があった。

韓国ではとくに政治、外交的に相手非難としてきわめてよく使われる「ジョクパンハジャン（賊反荷杖）」をめぐってである。韓国語では「적반하장」と書く。簡単にいえば「居直り」のことである。

文在寅発言は「加害者の日本が〝ジョクパンハジャン〟で大きな声を上げるのは許せない」などというもので、日本が過去の歴史を忘れ韓国を非難するのはケシカランという内容だった。つまり、自分のことはタナに上げて他者を非難する、という場合に使う言葉である。

「賊反荷杖」の漢字を直釈すれば、罪のある泥棒が居直って逆にムチを振るうということだが、韓日辞典にはまず「盗人猛々《ぬすっとたけだけ》しい」という日本語訳が出ている。日本のメディアはこの日本語訳に飛びつき、一斉に「文大統領が日本を〝盗人猛々しい〟と非難」と報じたのである。

日本では日ごろ文大統領は反日的だとして批判の声が強かったため、そのイメージにぴったりの訳が採用されたのだ。しかし「ジョㇰパンハジャン」は韓国では日常的に気軽によく使われるため、日本語的には「居直り」くらいが適当だったと思う。

そこを単に「居直り」ではなく、わざわざ「盗人猛々しい」という強い日本語が使われたのは、文大統領への批判的イメージのせいだった。彼の日ごろの反日ぶりを裏付ける、納得のイメージとして採用されたのである。もっとも感嘆詞のところでも紹介したように、韓国語は本来、大げさなところがあるのだが。

メディアの似たような恣意《しい》的（？）な翻訳は韓国側にもあった。今度は慰安婦問題に関する日本の安倍首相の発言をめぐる韓国メディアの過剰反応だ。

日本の国会で慰安婦問題に関連し野党議員が、問題解決に向けて何らかの追加措置はないのかと質問したのに対し、安倍首相は「毛頭考えておりません」と答弁した。これに韓国メディアが飛びつき、一斉に「毛の先ほども考えていない」と直訳して報道した。「毛の先ほど」が強調されたのだ。韓国語では「毛の先」は「トㇽクッ(털끝)」というが、小さいとか少ないということを強調する時に比喩《ひゆ》的に使われる。

「毛頭考えていない」はこの安倍発言もそうだが、日本ではよく政治的場面で気負った感じでよくそういういい方をする。内容的には分かりやすく「少しも」とか「まったく」とか「何も」といえばいいところを、いわばカッコつけてそういう。政治の場面で政治家が物事を否定的にいう場合の、いわば常套句《じょうとうく》のようなものである。

韓国語にも「まったく」にあたる「チョニョ（전혀）」や「何も」にあたる「アムゴット（아무것도）」という言葉がある。

にもかかわらず、翻訳を「まったく考えていない」とはせずに、わざわざ「毛の先」を直訳で強調して報じたのだが、これも韓国メディアの安倍首相に対する日ごろの否定的イメージが背景にあったからだ。「やはりアベはケシカラン」と非難する感じを出したかったのである。先の日本メディアの文大統領非難感情と同じパターンである。

日韓共通の四字熟語を使いこなそう

ここで少し寄り道する。この章で「ヤンドゥクユク（羊頭狗肉）」や「ジョクパンハジャン（賊反荷杖）」といった漢字の四字熟語を紹介したが、この二例のうち前者は日韓共通で後者は韓国的である。こうした熟語は、漢字語だけに日本の韓国語学習者には楽しめるポイントだ。その意味で、この際、さらにいくつか紹介しておく。

意気揚々（ウィギヤンヤン）	正々堂々（チョンジョンダンダン）
自画自賛（チャファジャチャン）	起死回生（キサフェセン）
心機一転（シムギイㇽジョン）	優柔不断（ウユプダン）
試行錯誤（シヘンチャッコ）	虎視眈々（ホシタㇺダㇺ）
右往左往（ウワンチャワン）	虚心坦懐（ホシㇺタㇺフェ）
我田引水（アジョンインス）	同床異夢（ドンサンイモン）
呉越同舟（オウォㇽドンジュ）	事実無根（サシㇽムグン）
曖昧模糊（エメモホ）	五里霧中（オリムジュン）
紆余曲折（ウヨキョㇰチョㇽ）	時期尚早（シギサンジョ）
時代錯誤（シデチャㇰコ）	
一石二鳥（イㇽソㇰイージョ）	

もともと中国経由の漢字文化であり日韓共通（共用）が多い。思いつくままに、韓国でよく使われている20個を列挙する。その意味合いは日本とまったく同じなので説明は省略する。韓国のメディアにはこれらの言葉が毎日のように登場している。

このほか、日韓で一部の文字が変わったり入れ替わったりするのもある。以下も韓国ではおなじみでよく使われている。

一喜一憂→一喜一悲（イㇽヒイㇽビ）

傍若無人→眼下無人（アナムイン）

韓国にしかなくて、筆者のお気に入りが以下の三つである。

白衣従軍（ペギジョングン）
雪上加霜（ソルサンカサン）
天高馬肥（チョンゴマビ）

なぜお気に入りかというと、まず「白衣従軍」は実にカッコいいのだ。政治家が要職を去る場面では決まってこの言葉を使う。「一兵卒になって戦場でがんばる」という意味だ。「従軍」もカッコいいし「白衣」もいい。なぜ「白衣」かというと、李朝時代の韓国の軍は偉い将軍たちだけが色付きの服装で、兵卒は白衣だったからだ。

「雪上加霜」は「雪の上に霜が降る」ということで「踏んだり蹴《け》ったり」「泣きっ面にハチ」の意味。つらく厳しい場面に清らかな雪と霜を登場させた漢字のイメージがいい。「天高馬肥」は「天高く馬肥ゆる秋」をそのまま四字にしたところが、すっきりしていて納得である。

筆者が日常的に愛用しているのが以下の三つだ。

悠々自適（ユユジャジョク）
満身創痍（マンシンチャンイ）

三々五々（サムサムオオ）

いい年齢になると韓国人の知り合いたちもほとんどいい年齢だ。引退者も多い。久しぶりに顔を合わせると「どうしてる？」「ユユチャジョクだよ」があいさつになる。そしてお互い歳だから話題はもっぱら健康問題だ。「どう元気？」への返事はだいたい「いや、マンシンチャンイでねえ」となる。何人かで会食した後は「じゃあ、サムサムオオで」といってカッコよく別れる。

八方美人は褒め言葉

ところで日本人にとって使用に際して注意を要するのが「八方美人（パルバンミイン）」である。

日韓では意味が反対なのだ。日本では誰にでもいい顔をするという「ええカッコし」で否定的だが、韓国では逆に誰にでも好かれるといういい意味になる。だから韓国人からそういわれれば大いに喜び、韓国人に「あなたはパルバンミインですね」といってあげれば喜ばれる。

韓国の新聞コラムでも四字熟語がタイトルとして使われている。日本では朝日新聞の「天声人語」が有名だが、韓国ではいずれも韓国産だろうかこんな四字熟語になっている。

説往説来（ソルワンソルレ）

横説竪説（フェンソルスソル）

メディアらしくいずれも「ああでもない、こうでもない」とか「ああだ、こうだ」といった意味だが、このうち「説往説来」で面白いエピソードがある。「説（ソル）」は漢字の同音異義語で「舌」と韓国語の発音が同じである。そこでこれを「舌往舌来」ともじって冷やかすのだ。

以前、さるカラオケ・バーで「アガシ」が教えてくれたのだが「あのコラムの筆者はキスが好きなんですよねえ」という。「？」と思って真剣になって聞くと「舌が行ったり来たりじゃないですか」とニッコリするのだった。

素晴らしい漢字語ユーモアである。さる客から聞いたということだったが、ソウルの夜の「スルジップ」にはこんな知的（！）会話もあるのだ。

韓国語におけるこうした四字熟語の面白さ楽しさは、その社会的効用にある。すでに指摘したように韓国にはハングル愛国主義があって、表向きできるだけ漢字あるいは漢字語は排除しようする。ところが意外に漢字コンプレックス（?）が潜在しているのだ。

中華文明圏の優等生を自認した過去の知的DNAの名残と思われるが、韓国人には今も漢字・漢字語およびその使い手に対する尊敬心理が、どこかあるようなのだ。したがって会話で四字熟語をひと言はさめば「おっ、おヌシできるな」となって得をするのだ。

漢字好きの日本人にはもってこいである。そこで筆者などはずるく（?）、簡単なメールでもわざわざ漢字をまじえて「安寧하세요」とか「感謝합니다」などと書いている。

大統領の反日罵詈雑言がスルーされた理由

ここでもう一度、日韓言語トラブルの話にもどる。以下は文字通り言葉の問題である。本来なら外交問題として大きくなったかもしれないのに、韓国語があまりに難解だったため、日本側がその解釈に戸惑い、逆に大騒ぎにならなかったという珍しいケースである。

1995年の金泳三大統領の対日発言で、これは韓国では〝ポルジャンモリ事件〟として記憶されているが、日本側ではほとんど誰も記憶していない。したがって結果的に韓国側の〝独り相撲〟に終わったという、不思議な言語事件だった。

韓国ではこの年、日本支配から解放された「光復五十周年」ということで反日・愛国感情が盛り上がっていた。そこで金泳三政権は「歴史を正しく立て直す運動」を国策として進めた。「歴史を正しく立て直す」などとはよく分からない話だが、政府庁舎や国立博物館として長く使われていた旧朝鮮総督府ビルを破壊、撤去するなど、日本統治時代のことをあらためて非難、否定し、愛国心を高めるということだった。

そんな時、中国の江沢民《こうたくみん》主席が韓国を訪れ、韓中共同で日本の歴史認識を批判するという場面があった。

両首脳の記者会見の際、金大統領が歴史問題に関連し「日本のポルジャンモリを直してやる」と発言したのだ。これにはメディアをはじめ韓国側が驚き、「これは大変だ！」とばかり日韓関係への影響を心配した。両首脳はこの後、大阪で開催されるＡＰＥＣ（アジア太平洋経済協力）首脳会議に出席するため、日本に向かうことになっていたからだ。

「ポルジャンモリ（버르장머리）」とは何ぞや？

筆者もその記者会見の場にいたのだが、当初は何のことやら分からなかった。初めて耳にする言葉だった。「頭」を意味する「モリ（머리）」という単語が入っていたので、日本批判という脈絡から「日本の間違った頭（考え、態度？）」を直してやる、という意味かな？ といった程度の受け止め方だった。

後で辞書を調べると「(俗語) 行儀が悪い」などと書いてある。日本大使館の担当者に聞くと、彼らはとりあえず「悪い癖」と訳したという。

したがって日本側では、韓国大統領は記者会見で歴史問題に関し「日本の悪い癖を直してやる」と発言したということになったが、これでは取り立てて問題にするようなものではない。筆者も記事にはしなかったし、日本政府(外務省)も抗議することなく、大騒ぎにもならなかった。

ところが後で分かったのだが、韓国語としてはとんでもない言葉で、国の首脳が公式の席で口にするようなものではまったくない表現だった。口に出す時は、大人が子どもを、あるいは上の者が下の者をどやしつけ、ののしるような場合だという。

あえて日本語でいえば「間抜け野郎」とか「できそこない」「ウスノロ」などといった、相当品の悪い罵詈《ばり》雑言のたぐいである。したがって金大統領は「日本の間抜け野郎の態度をたたき直してやる」といったのだ。日本語は韓国語ほどに悪口や罵詈雑言が豊富ではないので、これくらいしか表現できない。

しかし実際は第三章で紹介した「ケセッキ」に準じるような悪罵だった。したがってそんな言葉は外交場面ではまったく想定されていないし、もちろん外交当局で準備されたものでもない。金泳三大統領の即興的な独走だった。

「ケセッキ」のところで解説したように、こうしたたぐいの言葉の本当の衝撃性は外国人にはぴんとこない。したがって日本側は「悪い癖」などという気が抜けたような解釈でやり過ごしたのだが、むしろ韓国サイドが気にして、外交当局者やメディア関係者は日本側に対し長い間、大いに恐縮していたと記憶している。

「セルカ」は韓国製略語のヒット作

さて、日本語には「セクハラ」「パソコン」「コンビニ」など外国語を勝手に略した略語の外来語が多いが、韓国語も近年、がんばっている。先に「セクハラ」＝「ソンヒロン（性戯《ぎ》弄《ろう》）」という傑作（？）を紹介したが、そのほか、できのいい略式外来語が結構ある。時代を背景にした「コムメン」などその一つだ。

「컴맹」と書くが、コンピューターを使えない時代遅れの人間のことを「コンピューター盲（メン）」→「コムメン」といって新たな英韓合成語を編み出したのだ。年配者などにはつらい現実の反映だが、IT王国ならではの新造語である。

一方、「セルフカメラ」を「セルカ（셀카）」としたのは、日本など海外にも輸出された見事な韓国製略語だ。

現代韓国人の最大関心事である住宅問題にからんで、よく登場するワンルームマンション

の「オピステル（오피스텔）」も日常生活には欠かせない。「オフィス＋ホテル」の合成語ということで、韓国語ではfがpになるから「オピステル」だ。

近年、筆者が「まいったなあ」といいながらもうれしくなった新造語がある。そして日本人仲間に自慢たらしく教えて喜ばれたのだが、例によってこれも酒席で仕入れた。「イズベ」である。

これはひょっとしてハングルの表記はまだないのではないか。あくまで話し言葉・聞き言葉として流通しているからだ。韓国の酒（焼酎）のある銘柄にかかわることなのだが、どこにもそんな表記はない。もちろんメニューにも出ていない。にもかかわらず客も店の人も「イズベ一本！」「ネー、イズベ！」などと声だけで合点し、言葉をかけあっているのだ。

何の略語かというと、英語の「ディス、イズ、バック」の「イズ、バック」を縮めたものである。

英語の「バック（back）」を韓国人たちは本場風に「ベック」と発音するので「イズベック」→「イズベ」になった。

で、そもそも「ディス、イズ、ベック」は何を意味するのか。訳せば「これが戻ってきた」だという。

この酒のメーカーは韓国焼酎の代名詞になっている「チルロ（眞露）진로」である。日本では漢字読みで「ジンロ」というが、韓国語音では「チルロ」となる。日本人が韓国に来てお店で注文する時に「ジンロ」ではなく「チルロ、ジュセヨ！」といえば「おヌシできるな」となる。

その「チルロ」のメーカーが昔のデザインのビンとラベルを復活させ、レトロ風の復刻版を発売したのだ。その宣伝文句が「チルロ、イズ、ベック！」で、通称「イズベ」となってヒットしたというわけである。

今や韓国の飲食店で「イズベ」を知らないと「カンチョビヤ！」といわれる。そんな韓国の現状を知らないのでは、北朝鮮から潜り込んできたスパイ、つまり「カンチョップ（間《かん》諜《ちょう》）」と同じだよ、というわけだ。

乾杯の音頭「ウィハヨ！」もつらい？

「イズベ」の話は韓国の〝お酒文化〟の一端だが、韓国では乾杯の音頭も面白い。日本語は「カンパイ」しかないが、韓国語は実に多様、多彩なのだ。

乾杯についてはもうだいぶ前から「ウィハヨ！」が圧倒的である。これは「何々の為に……」の「為（ウィ）」の漢字発音からきている。みんなで杯を上げて一斉に「ウィハヨ！」

と叫ぶ。

時には「誰々の為に」とか「会社の為に」みたいに対象を指定する場合もあるが、普通は略して「ウィハヨ！」だけですます。一種のサラリーマン文化でもあるのだが、職場の同僚などと一緒にこれをやって気合を入れ、同時に日ごろのストレスを解消させるのだ。

ただ近年、韓国でもみんなで帰りに一杯という風景は減ってきている。韓国男性も〝草食化〟が進み、マッチョ風は受けなくなったからだ。職場の上司と一緒になって「ウィハヨ！」などとやらされたのでは、ストレス解消どころか、逆にそれがストレスだという連中が増えたのだ。

しかし筆者のようなオールド・ウオッチャーは「ウィハヨ！」が大好きだし、マッチョ風の昔が懐かしい。そういえば昔、乾杯の音頭に「ケナバル！」などというのがあった。

これは「個人（ケイン）と国（ナラ）の発展（バルチョン）」を縮めて頭の文字をつないだものだ。「個人と国家の発展のために！」ということで、「セーノ」で「ケナバル！」とやる。流行したのはたしか軍人大統領時代だったと思うが、「国」だけでなくあえて「個人」も入っているところが心憎い。

韓国語の造語能力は「イズベ」や「ケナバル」のような文章省略型が得意だ。たとえば「チョンパジ！」という乾杯の音頭も耳にした。「青春（チョンチュン）はまさに（パロ）今

（ジグム）から」の三つの単語の頭文字からとった略語だ。「チョンパジ」は「青ズボン」のことでGパンを意味するから面白い。

新・国際語となった「ネロナムブル」

韓国語はこうした文章縮小による奇抜な新造語作りが実にうまい。そうして生まれた略語的な新造語はすぐ流行語となる。

最近の〝新造略語〟の傑作は何といっても「ネロナムブル」だろう。以前から知る人ぞ知るで存在はしていたのだが、文在寅政権下で一躍、政治的な大流行語として脚光を浴びることになった。

この略語の説明は外国人にはいささか難儀である。基になった文章が長いからだ。原文を韓国語混じりで紹介するとこうなる。本来は浮気をめぐる皮肉のことである。

「私（ネ）がやればロマンス（ロ）、他人（ナム）がやれば不倫（ブルリュン）」

それぞれの単語の頭文字をとって「ネロナムブル」という。韓国語お得意の典型的な文章省略型略語である。

内容的には韓国のみならず、古今東西どこの国でも皮肉な〝人生訓〟として語られるものである。「自分のことはタナに上げて他人を非難する」という比喩話だ。先に紹介した「ジヨクパンハジャン（賊反荷杖）」とも一脈通じるところがあり、居直りや自己正当化という意味である。

この「ネロナムブル」も米国のニューヨーク・タイムズにまで紹介され話題になった。英語では「Naeronambul」と表記されていたという。

第一章の冒頭で紹介したような〝韓国語の国際化〟ということになるが、このニューヨーク発のニュースには韓国世論も痛しかゆしだった。この言葉が、文在寅政権の問題点を物語る皮肉な政治的流行語だったからだ。海外での韓国イメージとしては必ずしもうれしくない話だった。

ニューヨーク・タイムズが「ネロナムブル」を報じたのは、２０２１年４月のソウル市長選で与党が惨敗した時だった。与党敗北の原因は文在寅政権の「ネロナムブル」だとし、有権者が文政権の倫理感覚欠如を批判した結果だと伝えたのだ。

韓国政治レポートではないので深入りはしないが、文政権の「ネロナムブル」とはこういうことだ。クリーンや公正が期待された革新政権だったにもかかわらず、結果は側近や要人に不正や疑惑が相次ぎ、しかも反省がなく居直りが目立った。前政権の不正は激しく非難、追及しながら、自らの不正には知らん顔というわけだ。ひょっとして「ネロナムブル政権」という言葉は韓国政治史に残る言葉になるかもしれない。

第十章

私の韓国語小事典

こうして韓国語に出会った

最終章なので、筆者がなぜ韓国語に付き合うようになったのか、なぜ韓国、韓国語にはまったのか、あらためて振り返ってみたい。ごく私的な経験だが、韓国語の面白さを知るうえで何かのきっかけにしてもらえるかもしれないと思い、かなりの気恥しさを感じながら紹介する。

韓国語にも「気恥しい」という言葉があって「スクスロプタ」という。話し言葉的には「スクスロウォヨ」というが、日本人である筆者の好きな韓国語の一つである。すでに繰り返し書いたように、韓国語に取り組み、韓国語をものにするためには、気おくれや気恥しさは禁物である。大きな声ではっきり、時には激しく、押せ押せでなければならない。

そんな雰囲気の韓国語に「気恥しい」という単語があることを発見した時は、ホッとして、うれしくなった。以下は「スクスロプチマン……」――気恥しいけれど、筆者の韓国語手習いのささやかな思い出である。

ハングル文字を最初にどこで目撃したのかまったく記憶にないのだが、少年のころから「面白い文字があるなあ」と気になっていた。もちろん丸と棒と四角だけの印象で、当初は韓国語（以前は朝鮮語といっていたが）の文字ということも知らなかった。

少年時代に在日韓国人が多く住む大阪にいたので、その影響だったかもしれない。しかし思い出せば、小・中学校の同級生に在日韓国人の子弟がいて、仲のいい子もいたけれど、彼らはみんな日本名だったし、彼らを通じて知ったということでもなかった。

小学生だったか中学生だったか、当時、生徒だけで運営する「ホームルーム」という自由時間があって、その時、黒板に丸と棒の文字を勝手に考えて書いた記憶がある。いたずらだったかクイズだったか、定かでない。漠然とした丸と棒の記憶だけである。

結局、大学生になった後、本を通じて朝鮮半島の歴史や日本との関係について関心を持ちはじめ、その言葉についても具体的にイメージするようになった。当時、「大学書林」という出版社が世界各国の言葉の入門書を発行していて、そのなかに『基礎朝鮮語』というのがあった。それを立ち読み（いや、立ち見）したのが、具体的なハングル文字との初めての出会いではなかったかと記憶する。

以後もハングルはずっと気になっていたが手つかずで、結局は記者になってからやっと習いはじめた。思い起こせば、ハングルへの関心の動機は「へえ、あんな文字があるんだ」という好奇心だったように思う。

記者になって、一念発起して最初、左翼系の文化人たちがやっていた語学塾をのぞいたことがある。ところが「日本帝国主義が朝鮮から奪った言葉を今、日本人が学ぶということはどういう意味なのか？」などと、何やら決意が必要であるような、いわば学生運動風の雰囲気だったため、早々に退散した。学生運動は大学時代にそれなりに経験していたので、今さらの感じだった。結局、本書でも紹介したように、酒好きの在日韓国人の〝アルバイト塾〟に出入りし趣味的に「カナダラ」を覚えた。

前述のように、その「カナダラ」だけで１９７１年夏、初めての韓国旅行に出かけたのだが、その後、韓国語をちゃんと知りたいと切実に思ったきっかけは一冊の本だった。長璋吉《ちょうしょうきち》著『私の朝鮮語小辞典　ソウル遊学記』（１９７３年、北洋社刊）である。

著者は日本人で東京外国語大学出身。１９６６〜70年に韓国に語学留学した研究者でその留学体験、つまり現地での韓国語体験を書いたのがこの本である。彼は後に出身大学の助教授になり、韓国女性とも結婚している。筆者と同年配である。

ちなみに当時はみんな「朝鮮語」といっていた。学者、研究者、専門家ほどそうだった。日本で一般的に「韓国語」といわれるようになるのは１９８０年代以降である。

筆者は１９７８年に語学留学するが、当時でも「私は韓国で学んだので韓国語といいます」と注釈をつけていたほどだ。ＮＨＫラジオの外国語講座で韓国語がスタートしたのは１９８４年で、その講座名は「アンニョンハシムニカーハングル講座」となっていた。「韓国語講座」とも「朝鮮語講座」ともなっていないのは、どちらかにするとそれに反対する側から反対や抗議が来るからだった。

まだそんな時代だった。日本の大学入試センター試験の外国語（選択科目）に「韓国語」が採用されたのは２００２年である。日本政府の大きな決断の結果だった。

名著『私の朝鮮語小辞典』の著者は留学時代にソウルで下宿生活をしたのだが、その下宿を舞台に描かれている韓国人の風景が実に面白かった。まさに「これが韓国人か！」「これが韓国なんだ！」と大いに感じさせられた。これを読んだとたんに、自分も韓国に留学したい！　そして下宿生活をしてみたい！と思ったのだ。

長璋吉著『私の朝鮮語小辞典』

筆者の留学はそれから5年後に実現するが、結局、筆者を韓国留学に向かわせるきっかけになったのは、この本を通じて知った韓国語、韓国人、韓国社会の面白さだった。

ただ今回、この本を紹介しようと思った

のは、そのことともう一つ、この本のスタイルがずっと記憶に残っていたからだ。

本では韓国語の単語を紹介するかたちで、その単語にまつわるさまざまなできごとが語られていた。したがって「小辞典」となっているのだが、筆者も今回の執筆の締めくくりを、韓国語の言葉紹介を通じて現在の韓国社会の雰囲気や人びとの様子を伝える、いわば「小事典」にしようと思ったのだ。

以下はそのささやかな試みになるが、50年前に筆者が感じたような韓国語や韓国人についての面白さを感じていただけるかどうか。思いつくままに書いてみる。あくまで読み物なので「カナダラ」順ではない。

ソルサ（설사）腹下し、下痢のこと

漢字では「泄瀉」。筆者は長璋吉氏の本を読んだ後、留学に出かけるまでの間に韓国取材の機会があった。１９７７年夏、「アジア住み込み取材シリーズ第一回・韓国編」を企画し、釜山のある家庭に一カ月間、居候させてもらった。同年配の夫婦・子ども二人の家族と生活を共にしながら「普通の韓国の今」を伝えようとしたのだ。

夫は税関公務員で、多くの友人を紹介してくれてガールフレンドもできた。当時、流行しはじめていた市民の日曜山登りにもよく同行した。小学校の運動会で日本の『キャンディ・

キャンディ』の歌が応援歌になっているのに驚いたり。その一カ月の記録は帰国後、共同通信提供の連載記事「素顔の韓国」になり好評を得た。

ところで釜山到着後、三日目の明け方、猛烈な下痢に見舞われた。疲れと歓迎宴での飲み食いが原因だったか？　朝飯はとうてい食えない。早めに奥さんに伝えなければならない。与えられていた三畳ほどの子ども部屋の布団にへたり込み、辞書を手に「下痢」の単語を探し、「下痢が始まりました、食事はダメです（ソルサガ、シジャクヘッソヨ、シクサヌン、アンデヨ）」と韓作文に取り組んだ。

この一カ月の滞在経験で、当時、大ヒットしていたチョー・ヨンピル（ヨン様第一号？）の演歌『トラワヨ、プサンハンエ（日本訳では〝釜山港へ帰れ〟）』は覚えた。しかしコミュニケーション不足を痛感し「もっと韓国語を知らねば」と肝に銘じ、翌78年春、念願の留学となった。「小事典」の冒頭から「下痢」などという尾籠《びろう》な話になったが、筆者の韓国語人生にとってこれは忘れられない言葉である。お許し願いたい。

ベクシン（백신）ワクチンのこと

コロナ禍で突然、大流行語となった。英語のvaccineの韓国語読みである。ハングルにはfとともにvの音がないのでvはb（ㅂ）になる。韓国でも以前はドイツ語（Vakzin）由来

の日本語である「ワクチン（왁찐）」を使っていたが近年、英語に変わった。韓国の医学・医療用語は病院をはじめ内科（ネクヮ）、小児科（ソアクヮ）、整形外科（チョンヒョンウェクァ）、手術（ススル）、生理痛（センニトン）、内視鏡（ネシギョン）……ほとんどが日本製外来語だが、米国の影響で英語が増えているのだ。ちなみに変化の少ない北朝鮮では今も「ワクチン」だそうだ。

モムサル（몸살）体の不調のこと

風邪（カムギ）気味や疲れ、だるさ、気力ダウンなど体調がよくない病気の初期症状をいう。「モム（몸）」は「からだ」のこと。病がらみでは必須《ひっす》の韓国語である。「どうしました？」「モムサリエヨ……」という風に。また病気の場合は体が「痛い」という「アッパヨ（아파요）」をよく使う。「病気で休みました」だと「体が痛くて」となって「モミ、アッパソ、シウォッソヨ」と。つねると痛いとか、具体的な痛みもさることながら、異常が生じればすべて「アッパ（痛い）」なのだ。

病気になると医者への症状の説明が外国人にはひと苦労だ。先ごろ帯状疱疹《ほうしん》で医者にかかつた時は、辞書で「ズキズキ」や「ヒリヒリ」を調べ、自宅で発音練習をしてから出かけた。韓国語で前者は「ウクシン、ウクシン」で後者は「タクム、タクム」だった。

イガタン（이가탄）市販の歯ぐき薬のこと

歯ぐきを健康に保つ薬とかで、テレビ広告で季節に関係なく毎日、毎時間、宣伝しているので、韓国人ならみんな知っている。もう一つ「インサドル」もいつのまにかテレビCMで覚えてしまったが、韓国ではなぜこんなに歯ぐき薬を宣伝するのだろう？

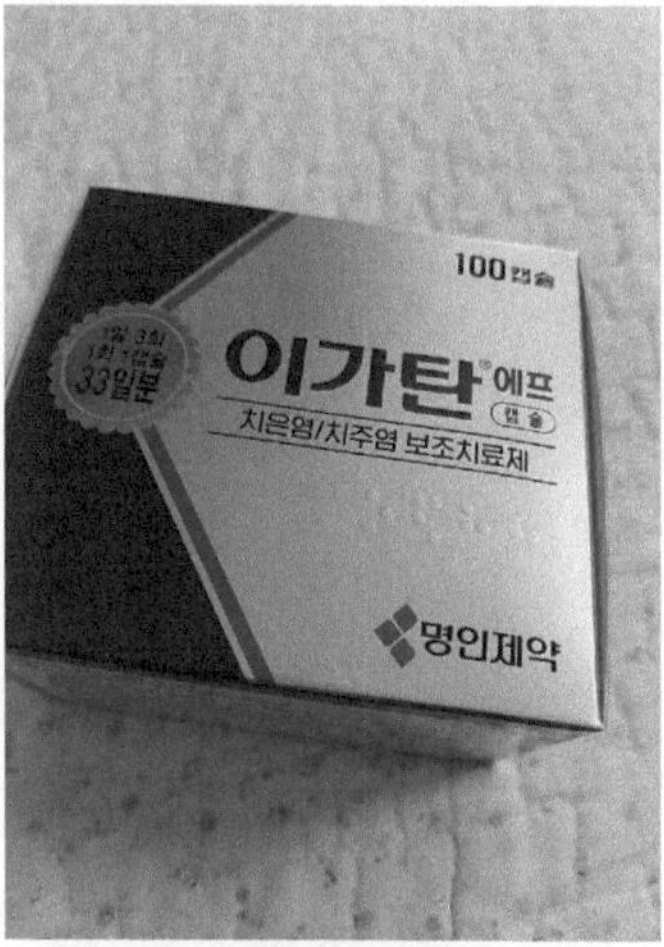

人気の歯ぐき薬「イガタン」

薬の広告はその国の人びとの日常生活における関心、気がかりのバロメーターである。とすると韓国人は歯ぐきに関心が高いということになるが、これは肉食と関係あるのだろうか。韓国ではごちそうというと伝統的には肉である。肉をしっかり食えることが幸せにつながる。そのためには歯ぐきがいつまでもしっかりしていなければならない。筆者も今、それを実感している。

「イガタン」とは韓国語では「歯（イ）がしっかり」「歯が丈夫」という意味なのだ。「しっかり、がっちり、丈夫」にあたる言

葉が「タンタンハダ（탄탄하다）」なので「イガタン」になったというわけだ。

薬では漢字名の日本銘柄である「チョンノファン（正露丸《せいろがん》）」や「ヨンガクサン（龍角散《りゅうかくさん》）」などがまだ韓国市場でがんばっている。

こうした商品のネーミングは〝韓国語楽習〟の面白い素材である。子ども向けアイスキャンデーには「アイチャ（아이차）」があるが、これは「子ども」の「アイ」と「冷たい」の「チャ」からきている。スープの素では「マッナ（맛나）」という商品がある。味の「マッ」と「出る」の「ナ」を合わせて「味が出る」だから面白い。

イルイルグー（일일구）119番のこと

韓国の消防や救急車の呼び出し電話番号。これは日本と同じだが、日本の110番は韓国では「112（イルイルイー）」で違っている。「北の脅威」に関心が高かった時代は、報償金がもらえるスパイ申告・通報の「イルイルサム（113）」が有名で連続テレビドラマのタイトルにもなっていたが、今や知る人ぞ知るである。

韓国では緊急の場合は「イルイルグー、イルイルグー！」と叫べばいい。救急車を以前は英語で「エンビュランス」といった。みんな英語を使っていたのでエキゾチックに思ったものだが、いつのまにか日本語由来の「救急車」つまり「クグプチャ（구급차）」になってしま

った。「日本語追放！」を叫ぶ韓国が、一方では黙って日本語をしきりに取り入れている。

韓国語学習には数字は重要だ。韓国では〝暗号〟みたいな数字が日常的に登場するので知っていないと困る。公休日になっている、日本支配からの解放記念「パリロ（815）」や独立運動記念日「サミル（31）」をはじめ、学生革命記念日「サーイルグ（419）」もある。近年は過去の反政府運動を称《たた》える傾向が強く済州島《チエジユド》の「サーサム（43）事件」や光州《クワンジユ》事件の「オーイルパル（518）」をよく耳にする。

一時期、60年代生まれで80年代に学生だった三十代が「サムパルユク（386）世代」といわれて政治的に注目されたが、今はその世代が年を食って「オーパルユク（586）世代」になっている。こういう数字を知らないと韓国人との話が合わなくなるのだ。

チュクミ（쭈꾸미）海産物のイイダコのこと

日本からの韓国グルメ（B級？）客の間でもこれを赤辛く炒《いた》めた料理が人気なようだが、韓国でも全国区になったのは比較的新しい。「春チュクミ秋チョノ」という言葉があって「チュクミ」は春で、秋は「チョノ（コノシロ）」がうまいとか。

ここに登場させたのは筆者の個人的趣味から。この名前を聞くたびにどういうわけか笑いが出る。音感が幼児のようで、大人が発音するとどこか滑稽《こつけい》なのだ。気になる名前で当初、日本語由来かなと思った。韓国人でもそう信じている人がいるくらいだ。探求の結果、南部海岸の方言で、「ちっこいやつ」という「チョㇰマナンノム」が「チョㇰンノム→チュㇰミ」になったんだとか。筆者の〝特ダネ〟で韓国人に教えてあげると喜ぶ。

ついでに魚好きの筆者がお気に入りのお魚ネーミング・ベストスリーを紹介しておく。①サヨリは「ハㇰコンチ」といって訳すと「鶴サンマ」②アユは「ウノ」で「銀魚」③ワカサギは「ピンオ」で「氷魚」。美しい渓流魚の「ヤマメ」は日本では「山女」の字をあてているが、韓国語では「サンチョノ（山川魚）」といっている。韓国語のイメージはいずれもなかなか美しい。

ウィサ（의사）トゥサ（투사）パクサ（박사）義士、闘士、博士のこと

韓国で偉い人たちの呼称。最初の「ウィサ」は志に殉じた歴史上の偉人に対しそういう。日本にはお話半分の「赤穂《あこう》義士」しかいないが、韓国では民族的英雄がそれにあたり、代表的人物が日本の伊《い》藤博文《とうひろぶみ》を暗殺した抗日独立運動家の「安重根《アンジュングン》義士」。ワンランク下に学生運動や労働運動などで亡くなった「ヨㇽサ（烈士）」がいる。反政府・民主化運動で活躍した連中は二番目の「トゥサ」で、文在寅政権下では要職に就き羽振りを利かした。

昔、学生運動が弾圧された軍事政権時代には「ハㇰサ（学士）」の上に「ユㇰサ（陸士＝陸

軍士官学校）」があり、その上に大統領を出した「ポアンサ（保安司令部）」があり、さらにその上に大統領も頭が上がらない夫人の「ヨサ（女史）」がいる、などと皮肉られたことがある。

三番目の「パクサ」は韓国でもっとも見栄えのいい呼称だ。新聞記者でも名詞に「政治学博士」と刷り込んでいる。周辺でもお互い「金パクサ」「李パクサ」と呼びあっている。筆者は韓国の大学で客員教授をしたことがあるので「キョスニム（教授さま）」でいいのだが、街では通称「クーパクサ（ク博士）」と呼んでもらっている。経歴詐称のお遊びだ。

政治指導者では「ビョノサ（弁護士）」のほか漢字は違うが「コムサ（検事）」や「パンサ（判事）」出身も幅を利かしている。韓国の政治は「サ」抜きでは語れない。

チュック（축구）ペグ（배구）ノング（농구）サッカー、バレーボール、バスケットボールのこと

漢字で書くと「蹴球」「排球」「籠球」だから、クラシックでどこか懐かしい。いずれも近代日本が苦労して編み出した漢字翻訳語だが、日本ではもうほとんど使われていない。それが韓国で健在というのはうれしい。日本は素晴らしい自家製漢字語を捨てて元の英語にしてしまったが、韓国語が残してくれているのだ。ありがたい話である。

野球も「ヤグ」といって日本語風にそのまま使われている。野球用語はほとんどが和製外来語を含め日本語だが、「ゴロ」は「タンボール」といっている。「タン」は土地の意味だから「地ボール」といった感じか。また「ライナー」を「チクソンタ（直線打）」というのも面白い。やはり頼りは漢字語のようだ。

スポーツ用語で不思議なのが「柔道」である。すでに国際化しオリンピックでも有力競技になっていて、韓国選手の活躍も目立つ。ところが競技用語に独自の韓国語を使って、国際語の「イッポン」を「ハンパン」、「ワザアリ」を「チョルバン」などと言い換えているのだ。ここでは日本語がイヤということなのだろうか。

キチャ（기차）汽車のこと

この韓国語も日本人には懐かしい。韓国の鉄道はすでに高速鉄道（ＫＴＸ）時代で、蒸気を噴き出す「汽車」の時代ではない。ところがＫＴＸを含め鉄道（とくに長距離や地方行き）を利用する時は「キチャタゴ、ワッソヨ（汽車に乗ってきました）」などと「キチャ」なのだ。「鉄道（チョルド）で」とか「鉄道を使って」とはいわない。「列車（ヨルチャ）に乗る」という言葉もあまり使わない。

韓国でも「キチャ」には故郷のにおいがある。したがって「キチャ」には故郷、オモニ、別れ……のイメージがあって韓国演歌のポエジーになってきた。懐メロ名曲の『ピネリヌン、ホナムソン（雨降る湖南線）』『テジョンブルース（大田ブルース）』『ナメンヨルチャ（南行列車）』『コヒャンニョク（故郷駅）』など、みんな「キチャ」の話だ。

面白いことに韓国の演歌はみんな南を目指す。以上四曲すべてで「キチャ」は南下している。『北帰行』のように北に詩情を求める日本演歌とは逆なのだ。人びとは夢と希望と野心を抱きソウルに向かって北上するが、癒《いや》されたい時は南に戻る。日本は北に詩があり、韓国は南に詩がある。冬が寒くて厳しいので、癒しの心はいつも南に向かうのだろうか。

ポギョム（폭염）猛暑のこと

お天気のことを韓国語では「ナルシ（날씨）」という。マスコミのお天気欄の「今日の天気」はしたがって「オヌレ（今日の）ナルシ」と出ている。ところが「天気予報」となると漢字語で「イルギイェボ（日気予報）」という。なぜ「ナルシイェボ」とはいわないのだろう。漢字語同士でおさまりがいいからだろうか。それはともかく、実は筆者は日ごろ韓国語の気象用語を高く評価している。

日本では夏の暑さを「猛暑」とか「酷暑」「炎暑」などというが、韓国では「ポギョム」といっている。漢字では「暴炎」である。これを評価したい。人体に「熱中症」など害が及ぶような暑さというならそれはもう「暴力」である。圧倒的に「暴炎」がふさわしい。日本語として「ぼうえん（暴炎）」や「ぼうしょ（暴暑）」をぜひ採用してほしい。

冬の雪だってそうだ。大雪を日本では「豪雪」というが、人間の通常生活に支障がある状態なら韓国にならって「暴雪（ぼうせつ）」にした方がいい。「暴風（ポクプン）」と「暴雨（ポグゥ）」は日韓共通で、寒さについては日本語は「酷寒」であるのに対し韓国語は「カン（強）チュウィ（寒さ）」つまり「強寒」といっている。語感が寒そうだ。

アパトゥ（아파트）マンションのこと

韓国では日本でいうところのマンションを「アパート」といって、韓国語では英語風に「アパトゥ」と発音している。だから地上何十階の豪華超高層マンションでもアパートである。都市では人口の半分以上がこのアパート暮らしという話があるほどだ。したがって韓国ニュースによく登場する住宅問題というのは、アパートをめぐる分譲、賃貸、売買、融資、金利そして不正、疑惑……などで、それがいわば全国民の関心事なのだ。

アパート暮らしは人びとのライフスタイルや考え方、価値観、行動様式などを画一化させ、同調志向を強めるといわれている。ソウル首都圏に全人口の半分が住み、その半分以上がアパート暮らしというのは、韓国社会の集中度と同調志向の強さを示すものだ。韓国社会の動向を知る上では見逃せないウオッチング・ポイントである。

韓国のアパート時代は1970年代にスタートし、本格的な拡大、定着は80年代から。ソウルでは都心を流れる漢江の整備が進み、川沿いや川向こうの通称「カンナム（江南）」でのアパート暮らしが人びとの憬《あこが》れになった。そうした社会的雰囲気を象徴するのが1982年の大ヒット曲『アパトゥ』。大衆歌謡の題名がアパートというのが面白い。

漢江を渡ったところのアパートに住む恋人を想うというのが歌の中身で、軽快な曲が人気で今なお歌い継がれている。政治過剰の韓国では、軍人政権だった1980年代はもっぱら否定的に語られているが、実際は明るい時代だった。夜間外出禁止令はなくなり、カラーテレビがはじまり、物価は安定し、オリンピックも開催された。ヒット曲『アパトゥ』はその象徴だった。

住宅問題を韓国語で語ろうとすれば、家賃にかかわる「チョンセ（伝貰）」と「ウォルセ（月貰）」ははずせない。外国人はソウルで暮らす際、まずこれにつきあたる。前者は一種の保証金で、これをまとめて家主に預ければ家賃はなしだ。後者は普通の家賃月払い。「チョンセ」は、家主がその金をほかに回して収入を得るという高金利時代の産物だったが、低金利時代を迎えしだいに少なくなった。

これまで若い新婚世代はほとんど「チョンセ」だった。預けた金は後で戻ってくるので次のマイホームを目指せたからだ。ところが低金利で預け金の額が高騰し「チョンセ」物件自体も激減。若い世代のマイホームの展望が崩れたというのが、韓国の住宅問題である。

ペダル（배달）配達のこと

韓国では出前のことを昔から「ペダル（配達）」といってきた。日本語起源で、当初は市場などからの自転車やリアカーでの荷物運びや中華料理（ジャジャン麺）の出前がもっぱらだった。その後、ネット王国になってネット販売の宅配（配達）が急拡大。最近はコロナ禍で何でもかんでも配達となって「ペダル」が社会的に脚光を浴びるにいたった。

筆者が住む若者街のワンルームマンションなど、夕暮れ時になるとエレベーターは食事の「ペダル」でいっぱいだ。コロナで苦境のお店や業者は「迅速配達」でサービスを競っているが、業者のなかでついに「ペダル民族（ミンジョク）」という名の会社が登場した。

〝韓国語楽習〟にはもってこいの話である。実はこの「ペダル民族」はダジャレのような掛け言葉なのだ。「ペダル」には「倍達」という別の漢字があって、辞書には「韓民族の古典的または歴史上の呼称」とある。つまり大昔、韓民族は「ペダル民族」と呼ばれていたという神話、説話的由来があるのだ。そんな奥ゆかしい言葉を出前、おか持ちに使っていいのかしら、と余計な心配をしたが、ビジネス・ネーミングとしてはヒットだった。

ついでに、日本で有名な空手の名手に「大山倍達《おおやまますたつ》」という人物がいた。格闘技の「極真空手」の創始者で在日韓国人だった。生前、東京・赤坂のコリアタウンで出くわしあいさつしたことがある。日本名に「倍達（ペダル）」をもってきたのは、韓国人としてのこだわりだったのだろう。

チョニョ（처녀）処女のこと

日本語で「処女」というとどこか文学的（？）だったりするが、韓国では単に未婚の若い女性のことである。韓国語として面白いのは「ノチョニョ（老処女）」という言葉があることだ。いわゆる「オールドミス」にあたり以前はよく耳にしたが、近年、禁句になったようだ。今やセクハラに該当するとか。独身男性についても対応することばで「ノチョンガク（老総角）」があるので必ずしも女性差別ではないと思うのだが、女性の自己主張が強くなったためか、あまり使われなくなった。

男の独身者「チョンガク」は韓国製外来語として、「チョンガー」で日本語になっている。語源的には、昔の独身男性がマゲを結う前の髪の形から「総角」となったようだ。

それでも「チョニョ」には無垢《むく》の少女というイメージはあるらしく、歌にもよく登場する。たとえば古くは懐メロ『チョニョ、ペサゴン』がそう。「ペ（舟）サゴン（船頭）」なので日本風には「娘船頭」となるが、南部の洛東江《ナクトンガン》を舞台にした孝行娘の話である。もう一つは割と新しい懐メロ演歌の名曲『ソヤンガンチョニョ』で、こちらの「チョニョ」はドラマ『冬のソナタ』の街・春川《チュンチョン》を流れる「昭陽江（ソヤンガン）」のほとりに、髪をなびかせた今風のすらりとした少女像として立っている。

熟語としては「チョニョ時代」もある。そのほか比喩的には「チョニョ作」とか「チョニョ出版」「チョニョ航海」など日本語経由の言葉が残っている。ただこれも女性差別的といわれて死語になりつつある。

「チョニョ」という韓国語が出ると日本人は決まって「本当の処女は何というのか」と質問する。当然、韓国語にあって「スッチョニョ」という。日本語的には「生娘」だろうが、日本語同様、近ごろはほとんど耳にしない。

パラム（바람）風のこと

「パラム」は「サラン（愛）」と並んで韓国語の単語のなかではもっとも語感がいい。風は漢字語では「プン（풍）」だが「パラム」は固有語である。この言葉の語感には、どこか心がはずむような、それこそさわやかで、何かいいことがありそうな感じがある。ただ、これは発音の最後のところをしっかり唇を閉じて「ム」と押さえてほしい。日本人の場合、意識しないと「パラン（바랑）」になってしまいがちなので要注意だ。

「パラム」にもっともふさわしいのは「そよ風」にあたる「サンドゥル、パラム」だろうか。これも語感がいい。いかにも涼しげである。ただ風にもいろいろあるので、強風の場合は「カン（強）パラム」というし、寒風は「チャン（冷たい）パラム」となる。

ところが「パラム」はこうした自然の風より比喩的に使われることが多く、これが面白い。たとえば無難なところでは約束をすっぽかされた時によく「パラム、マジャッソ」という。風に当たった、風を受けたという意味でそういう。風に吹き飛ばされたという感じだろうか。あるいは以前、日本で売れた韓国本に『スカートの風』（呉善花著）というのがあるが、その風も面白い。受験競争が激しい韓国では、受験生を持つママたちの関心と動きはいささか度を越している。そうしたママたちの〝狂奔〟ぶりが「チマ（スカート）パラム」として流行語になった。「ママたちの戦い」というか「女たちの活躍」が「チマパラム」だ。『スカートの風』はそのイメージで日本出稼ぎの韓国女性の姿を描いたものだった。

しかしもっとひんぱんに使われるのが「浮気」である。風イコール浮気とは不思議だが、風はとどまることなく流れ、そして人は風に吹かれるのでそのイメージからきたか。浮気をすると「パラム、ピウォッタ」とか「パラム、ナッタ」――つまり風を吹かせたとか、風が吹いたみたいな表現をする。感じは分かるではないか。

リアリズムとして感心するのは「遅れて吹く風は恐い」だ。韓国語では「ヌッパラムン、ムソップタ」という。「ヌッパラム」は「遅い風」だが、年を食ってからの浮気は恐い、つまり危険という意味である。われを忘れ見境なく入れ込むからということだろうか。これもよく分かる？　肝に銘じたい。

アサリパン（아사리판）乱雑なこと

最近、知った不思議な言葉だ。どうやら政治的場面などでまま使われるようだ。マスコミの政治ニュースで政界要人の発言として紹介され、話題になった。意味としては政治案件をめぐってああでもない、こうでもないと議論が沸騰し、まとまりがない状況をいう。したがって意味ではみんなガッテンなので、その言葉自体が問題になったわけではない。〝韓国語楽習者〟として「アサリ」が気になったのである。

「アサリ」とは何か、日本語の貝の名前ではないのか？　韓国人もそう思っている人が結構多い。というのも韓国社会には昔から、日本語の「あっさり」という言葉が定着しているからだ。お互いまったく無関係な言葉だが、語感が似ているので「アサリ」も日本語ではないかと思うのかもしれない。

真相は不明である。ただ解釈には二説あって、一つは日本語説で「貝のアサリを入れた入れ物のようにジャラジャラ、ガラガラ……騒がしい様子のこと」というもの。もう一つは仏教の高僧に「アジャリ（阿闍梨）」という位があって「その彼らがあれこれ議論をすることだ」といって「アサリ＝アジャリ」の仏教起源説。「パン」には場所、集まりの意味がある。

前者は大衆的で後者は高尚である。調べた限り学者、研究者の間では後者が優勢だが、発言の当事者を含め政界では前者の日本語起源説が優勢とか。仏教起源説に対しては「徳を積んだ高僧たちがワイワイガヤガヤなんてありえない」という皮肉も聞かれる。

ムジンジャン（무진장）無尽蔵、ものすごく、のこと

韓国語の面白さというか、その特徴の一つとして本書では感嘆詞の多様さや激しさ（？）について書いてきた。そのなかで「死ぬ」「殺す」などぶっそうな話も紹介したが、ここまできてもう一つ忘れていた感嘆詞を思い出した。それが「ムジンジャン」である。漢字では「無尽蔵」だから、これはぶっそうな単語ではない。

本来の意味は「限りなく、非常にたくさん、キリがない、いっぱい」といったところだろう。そこから「ムジンジャン、面白い！」とか「ムジンジャン、いい！」「ムジンジャン、気分がいい！」という風に感嘆詞に使うのだ。経験的にいえば、主にいい話を強調する時によく聞くように思う。

実は筆者の語学留学時代、これを口グセのように発するガールフレンドがいて「ひどく大

げさな物言いだなあ」と驚いた記憶がある。この当時の驚きは漢字の連想からくるごく日本人的な感想だったわけだが、使っている方は漢字など知らない世代だから漢字のイメージはまったくない。語感が感嘆詞にはぴったりだし、カッコいいほめ言葉みたいな感覚で使っていたのだ。韓国人の物言いはいつも大げさだ。私的に懐かしい韓国語である。

韓国語にはこの「ム（無）」が付いたよく使う日常語がいくつかある。それが結構、使いでがあって面白いのだ。

代表例が「ムジョッコン（無条件）」である。これを「必ず、きっと、絶対に、黙って何もいわず」といった場面でよく使うのだ。たとえば何か頼む時など「ムジョッコンやってよ！」とか「ムジョッコンよろしく！」と。経験的にいってこの言葉は「ムジョッコン使える！」。

また「やたらに、後先考えず、がむしゃら」という否定的ニュアンスの「ムチャクチョン（無酌定）」もよく使う。これとよく似ているのが日本語の「無鉄砲」だが、どういうわけか日本語そのままの「ムテッポ」で韓国社会に定着していて今もよく使われる。いずれも否定的な言葉ではあるが、これをあえてプラスに考えると、韓国人の美点といわれる決断力や瞬発力につながる。いま流行の「ベンチャー精神」とも一脈通じる。「ムテッポ」などは韓国人の気質に合った言葉ということで定着したのかもしれない。

アラソハセヨ（알아서 하세요）おまかせのこと

韓国のグルメ界でこのところ「おまかせ」という日本語が流行っている。日本料理だけでなく、韓国料理や洋食でも高級メニューとして「おまかせ」が人気だ。食べ物業界にも若い世代のシェフたちが登場し個性を競うようになったからだ。「おまかせ」は客ではなく料理人が主導権をもつ。韓国でこれまで決して高くなかった、料理人の社会的地位の上昇を意味する象徴的なできごとである。

その「おまかせ」をあえて韓国語にすると「アラソハセヨ」である。これはある物事について「どうしましょうか？」といわれた時の返事で、直訳すれば「（自分で）分かってやりなさい」という意味だ。つまり「自分の判断でいいようにしなさい、まかせる」である。

たとえば家庭で奥さんが旦那《だんな》に「今晩、食事は何にします？」というと旦那は「アラソヘヨ」という。部下が上司に仕事のことで伺いを立てると上司は「アラソへ」という。簡単にいえば「勝手にどうぞ」なのだが、韓国人にいわせると「アラソハセヨ（あるいはアラソへ）」は実は怖い言葉だという。

なぜなら「アラソ」でやっても後で必ず文句をいわれるからだ。うまくやればいいが、ダメだと必ず叱られる。その分だけ責任を取らされるから怖いという。上司から「アラソへ！」といわれると、ホッとするどころか逆に緊張するのだそうな。なるほど。「アラソ」は勝手や自由ではなく責任の代名詞というわけだ。韓国語、韓国人の面白さである。

アルバ（알바）アルバイトのこと

アルバイトという外来語は「労働」を意味するドイツ語由来だが、韓国には日本経由で伝わった。昔の日本の大学ではドイツ語の影響が強かったため、当初は学生たちが気取って使う一種の学生用語だった。韓国に入ってからも「アルバイト」といわれたが、いつの間にか「アルバ」になってしまった。

日本での「バイト」と比べ言葉の略し方が逆で面白い。語尾の方をいただいた日本の「バイト」はどこか〝隠語〟的で、若者たちのひねり（？）が感じられるが、韓国の「アルバ」はいいやすいだけで、センスはイマイチだ。筆者の記憶からすると、韓国語の「アルバ」が定着したのは学生たちのバイトが増えてからで、時代的には消費文化が広がった90年代以降ではなかったか。コンビニなどで「アルバセン募集」という貼り紙をよく見かける。「セン（生）」は学生のことだから「バイト学生募集」である。

チュンソン（충성）忠誠のこと

韓国では男性同士が右手を耳の前に持ってきて敬礼しながら「チュンソン！」とよく声を上げている。本来は軍隊での掛け声ないしあいさつ言葉だが、軍隊外の日常生活でも結構これをやっている。国民皆兵の徴兵制で男性はみんな軍隊経験者なので違和感はない。軍隊生活で習慣になっている男性もいて、あいさつ代わりに気軽に使うようだ。「分かりました」「了解」といった感じの場面でもよく使っている。軍隊経験のない日本人には実にエキゾチックな韓国語風景である。

そこで筆者もこれが気に入って、しょっちゅう使って楽しんでいる。用途は、たとえばなじみのお店に行って主人や従業員に笑顔で敬礼しながら「チュンソン！」とやる。「お久しぶり！」という感じだが、相手も笑いながら「チュンソン！」という。「いらっしゃい！」のあいさつ代わりだ。帰る時でも「じゃあ、また……」という感じで「チュンソン！」とやる。軍隊用語だがユーモアがあって面白い。

実際の軍隊ではこのほか各種の掛け声があるという。「チュンソン（忠誠）」はもっぱら陸軍で使われ、海軍や空軍では「ピルスン（必勝）」だとか。以前は「トンイル（統一）」もあったという。また部隊ごとに気合を入れる掛け声があって、たとえば「タンギョル（団結）」「チョンジン（前進）」「トルギョク（突撃）」「キョルジョン（決戦）」……などとみんな勇ましい。

韓国語学習的にいえば「チュンソン（충성）」も「ピルスン（필승）」も「トンイル（통일）」も言葉の頭に激しい発音の激音がきている。軍隊の掛け声やあいさつには「チュン」「ピル」「トン」などの激しい語感がぴったりなのだ。軍隊式あいさつを借用して大いに激音を練習したい。

チェソン（최선）最善のこと

日本人は何ごとにつけ「がんばります！」という。韓国人はどういうか。「最善を尽くします！」だ。これは単語ではなく文章だから「チェソヌル、ター、ハゲッスミダ！」となる。「ター」は「すべて、全部、ことごとく、もれなく」の意味だから「全部、食べて」という時は「ター、モゴヨ」である。「最善をすべて果たす」というわけだ。

「最善を尽くします」はスポーツ選手から選挙の政治家、新しく任命された大臣、前線の兵士、テレビの歌合戦、ビジネス、受験生そして人生の門出……あらゆる場面での決意表明の言葉である。とくに「チェソン（最善）」の「チェ（최）」が、ツバの飛ぶような激しい発音（激音）であるため、力がこもったような語感で頼もしく、カッコいい。

先に紹介した「パイティン（fighting）」は「がんばれ」と相手に対する励ましである。そこで「最善を尽くします！」という言葉を聞くと、それに対しては親指を立てて「パイティン！」といって激励してやるのだ。

「最善（チェソン）」とともに韓国人は「最高（チェゴ）」も大好きだ。大喜びや感激すると「チェゴヤ！」という。「チェゴ、チェゴ！」と重ねる時もある。日本語の「サイコー、サイコー！」と同じである。さらに「最大限（チェデハン）」もよく登場する。政府当局者の政策発表はいつも「チェデハン」であふれている。

「最善」「最高」「最大限」……韓国語はいつもいささか大げさであることが確認できるだろう。これによって気合が入り、みんな元気になるというわけだ。

「チェソヌル、ター、ハゲッスミダ！」とともに、韓国人が大好きな決意表明がもう一つの「一生懸命」に相当する。激励の場面では「ヨルシミ、ハプシダ（熱心にやろう）！」とい「ヨルシミ、ハゲッスミダ！」だ。「熱心に（ヨルシミ）やります！」というわけで、日本語う。「熱心」は「最善」に比べると決意度は少し落ちるが、それだけにこちらの方がより日常的である。いずれもその言葉を聞いた方は心地よい。「ケンチャナヨ」と同じくとりあえず相手を安心させるという、韓国人らしい言語心理である。

ヤッケジジマ（약해지지마）くじけないでのこと

今から十年ほど前、日本で「１００歳の詩人」として話題になった柴田トヨさんの詩集

『くじけないで』（飛鳥新社刊）がベストセラーになった。柴田さんは早速、韓国でもニュースになり、後に詩集も翻訳出版された。ニュースになった時、詩集のタイトルは韓国語でどう翻訳されるのか注目した。結果は「ヤッケジジマ」だった。翻訳本のタイトルも同じだった。

この言葉は「弱（ヤク）」という漢字からきている。「弱い」は「ヤクハダ」で「弱くなる」は「ヤクヘジダ」だが、音がつながるとリエゾンして「ヤッカダ」「ヤッケジダ」となる。「ジマ」は先に「ピッチャー、カジマ」のところで紹介したように「何々するな」という否定の語尾である。つまり「ヤッケジジマ」は直訳すると「弱くならないで」「気弱にならないで」ということになる。

日本語の「くじけないで」はそういう韓国語に翻訳されたのだ。当時、この訳語を日韓双方の友人たちと話題にしたことがある。こんなやりとりだった。

「くじける」というのは「心が弱くなる」ことだからそれでいいのかもしれない。ただ、韓国人がよく使う言葉でいえば「挫折《ざせつ》しないで（チャジョルハジマ）」とか「放棄するな（ポギハジマ）」の方がいいかも。しかしそれだと「心、気持ち」があまり出てこない。それにしても「弱」は漢字語である。「くじける」「くじけない」にあたる固有語はないのかしら……。

あるにはある。「くじける」にもっとも適当と思われるのは「折れる」という意味の「コ

ッキダ（꺾이다）」だ。「心が折れる」という風に使う。これだと「コッキジマ」となるが、韓国の翻訳者は採用しなかったようだ。やはり心、気持ちのことを重視して「弱」を使ったということだろうか。韓国でも詩集『ヤッケジジマ』はベストセラーになった。

これが本書の最後の部分である。今後のさらなる〝韓国語楽習〟に向けてはなむけの韓国語を三つ、あらためて以下のように記しておく。

ヨルシミ、ハプシダ！
ヤッケジジマ！
パイティン！

あとがき

韓国に住んでいる筆者は時折、日本に一時帰国する。その際、日本にいる家族と食事に出かけよくヒンシュクを買う。「お店の人にやたらに声をかけないでよ」と注意されるのだ。韓国暮らしの習慣がつい出てしまうからだ。

筆者のこのクセ（？）は留学時代にできた。韓国語上達の秘訣《ひけつ》は「遠慮せず人に話しかけろ」だとおそわり、それを実行してきた。やってみて分かったのは、韓国人は話しかけられても決していやがらず、対応してくれることだった。とくに相手が外国人風であったり、年配者だったりすると耳を傾けてくれる。

もちろん、いわゆるナンパ風に、通りがかりにやたら声をかけるわけではない。多くはお店など接客場面でのことだが、その意味は「韓国語学習では遠慮してはダメ」であり「臆《おく》せず大きな声で」「ダメもとでやろう」ということだ。そんな相手を嫌がらない韓国人はありがたい。

韓国はマニュアル社会ではないといわれてきた。人びとが必ずしも規則通りには動かないという意味だが、古くからのウオッチャーにいわせると、以前に比べると大きく変化している。商業化、都市化が進み、人びとの生活が豊かに便利になり、今や「もう先進国になった」からだ。とくに窓口業務やサービス業は実に親切である。

これはマニュアル化が進んだということでもあるが、それでも韓国人は気分で動く人たちだ。筆者は「スキ間社会」というが、社会的にスキ間があるということは、それだけ人びとが規則にとらわれず、自分の気分が入る余地を残しているということである。まさに〝人間的〟なのだ。

現地での韓国語学習ではそうした韓国人の〝人間味〟に甘え、利用すべしということだが、日本で独習の場合はどうするか。韓国料理店や韓国居酒屋で構わず声を出すとか、あるいは一人で「アイゴー」とか「チュケッソ」「チュギネ」を口グセのようにつぶやくしかないか。それとも韓ドラを見ながら「アンデ、アンデ」とか「チョアヨ」「クレ、クレ」と調子を合わせるとか。

ただ独習となるとどうしても目（読み）と耳（聞く）が中心となる。目と耳をいかに活用するか。筆者の時代はもっぱら韓国の新聞と放送で韓国語（ハングル）に慣れようとしたが、今はネット時代である。以前のように韓国から新聞を取り寄せなくても、深夜放送に耳を傾けなくても、スマホやパソコンで簡単にハングルに触れることができる。

ネット時代なので、日本にいながら〝韓国モノ〟を探すことはさして難しいことではない。日本のスーパーでは食品をはじめハングル表記の商品が結構、出ているというではないか。外国語学習はとにかく慣れである。目と耳であらゆる〝韓国モノ〟に小まめに触れるしかない。あらためて「パイティン！」である。

＊

筆者はこれまで角川新書では『韓国人の研究』や『韓めし政治学』といった本も書いている。言葉はいわば総合文化である。韓国語学習のためにそうした拙著も活用していただければ幸いである。韓国語の面白さがいっそう広がると思う。

本書の出版では今回も練達の編集者である堀由紀子さんにお世話になった。コロナ禍で動きが不便ななか大そうご苦労いただいた。心から感謝いたします。

著者

ㅌ t^h	ㅍ p^h	ㅎ h	ㄲ kk	ㄸ tt	ㅃ pp	ㅆ ss	ㅉ ttʃ	ㅇ ng
타 t^{h}a タハ	파 p^{h}a パハ	하 ha ハ	까 kka カ	따 tta タ	빠 ppa パ	싸 ssa サ	짜 ttʃa チャ	앙 ang アン
탸 t^{h}ya ティヤ	퍄 p^{h}ya ピィヤ	햐 hya ヒャ	꺄 kkya キャ	땨 ttya ティヤ	뺘 ppya ピャ	쌰 ssya シャ	쨔 ttʃya チィヤ	양 yang ヤン
터 t^{h}ɔ トホ	퍼 p^{h}ɔ ポホ	허 hɔ ホ	꺼 kkɔ コ	떠 ttɔ ト	뻐 ppɔ ポ	써 ssɔ ソ	쩌 ttʃɔ チョ	엉 ɔng オン
텨 t^{h}yɔ ティヨ	펴 p^{h}yɔ ピィヨ	혀 hyɔ ヒョ	껴 kkyɔ キョ	뗘 ttyɔ ティヨ	뼈 ppyɔ ピョ	쎠 sʃɔ ショ	쪄 ttʃyɔ チィヨ	영 yɔng ヨン
토 t^{h}o トォー	포 p^{h}o ポォー	호 ho ホー	꼬 kko コー	또 tto トー	뽀 ppo ポー	쏘 sso ソー	쪼 ttʃo チョー	옹 ong オーン
툐 t^{h}yo ティヨー	표 p^{h}yo ピョー	효 hyo ヒョー	꾜 kkyo キョー	뚀 ttyo ティヨー	뾰 ppyyo ピョー	쑈 sʃo ショー	쬬 ttʃyo チィヨー	용 yong ヨーン
투 t^{h}u トゥー	푸 p^{h}u プゥー	후 hu フー	꾸 kku クゥー	뚜 ttu トゥー	뿌 ppu プゥー	쑤 ssu スゥー	쭈 ttʃu チュー	웅 ung ウーン
튜 t^{h}yu ティユー	퓨 p^{h}yu ピィユー	휴 hyu ヒュー	뀨 kkyu キュー	뜌 ttyu ティユー	쀼 ppyu ピュー	쓔 sʃu シュー	쮸 ttʃyu チュー	융 yung ユーン
트 t^{h}ɯ トゥ	프 p^{h}ɯ プ	흐 hɯ フ	끄 kkɯ ク	뜨 ttɯ トゥ	쁘 ppɯ プ	쓰 ssɯ ス	쯔 ttʃɯ チュ	응 ɯng ウン
티 t^{h}i ティ	피 p^{h}i ピィ	히 hi ヒ	끼 kki キ	띠 tti ティ	삐 ppi ピ	씨 ssi シ	찌 ttʃi チー	잉 ing イン

複合母音

애	ɛ エー
에	e エ
얘	yɛ イェ
예	ye イェ
외	we ウェ
위	wi ウィ
의	ɯi ウィ
와	wa オヮ
워	wɔ ウォ
왜	wɛ オェ
웨	we ウェ

ハングル表

子音 母音	ㄱ k, g	ㄴ n	ㄷ t, d	ㄹ r, l	ㅁ m	ㅂ p, b	ㅅ s, ʃ	ㅈ tʃ, dz	ㅊ tʃ^{h}	ㅋ k^{h}
아 a	가 ka カ	나 na ナ	다 ta タ	라 ra ラ	마 ma マ	바 pa パ	사 sa サ	자 tʃa チァ	차 tʃ^{h}a チャァ	카 k^{h}a カハ
야 ya	갸 kya キャ	냐 nya ニャ	댜 tya ティャ	랴 rya リャ	먀 mya ミャ	뱌 pya ピャ	샤 ʃa シャ	쟈 tʃya チャ	챠 tʃ^{h}ya チィャ	캬 k^{h}ya キィャ
어 ɔ	거 kɔ コ	너 nɔ ノ	더 tɔ ト	러 rɔ ロ	머 mɔ モ	버 pɔ ポ	서 sɔ ソ	저 tʃɔ チョ	처 tʃ^{h}ɔ チィョ	커 k^{h}ɔ コホ
여 yɔ	겨 kyɔ キョ	녀 nyɔ ニョ	뎌 tyɔ ティョ	려 ryɔ リョ	며 myɔ ミョ	벼 pyɔ ピョ	셔 ʃɔ ショ	져 tʃyɔ チョ	쳐 tʃ^{h}yɔ チョ	켜 k^{h}yɔ キョ
오 o	고 ko コー	노 no ノー	도 to トー	로 ro ロー	모 mo モー	보 po ポー	소 so ソー	조 tʃo チョー	초 tʃ^{h}o チョォー	코 k^{h}o コォー
요 yo	교 kyo キョー	뇨 nyo ニョー	됴 tyo ティョー	료 ryo リョー	묘 myo ミョー	뵤 pyo ピョー	쇼 ʃo ショー	죠 tʃyo チィョー	쵸 tʃ^{h}yo チィョー	쿄 k^{h}yo キィョー
우 u	구 ku クー	누 nu ヌー	두 tu トゥー	루 ru ルー	무 mu ムー	부 pu プー	수 su スー	주 tʃu チュー	추 tʃ^{h}u チィュー	쿠 k^{h}u クゥー
유 yu	규 kyu キュー	뉴 nyu ニュー	듀 tyu ティュー	류 ryu リュー	뮤 myu ミュー	뷰 pyu ピュー	슈 ʃu シュー	쥬 tʃyu チュー	츄 tʃ^{h}yu チィュー	큐 k^{h}yu キィュー
으 ɯ	그 kɯ ク	느 nɯ ヌ	드 tɯ トゥ	르 rɯ ルゥ	므 mɯ ム	브 pɯ プ	스 sɯ ス	즈 tʃɯ チュ	츠 tʃ^{h}ɯ チュ	크 k^{h}ɯ ク
이 i	기 ki キ	니 ni ニ	디 ti ティ	리 ri リ	미 mi ミ	비 pi ピ	시 ʃi シ	지 tʃi チ	치 tʃ^{h}i チィ	키 k^{h}i キィ

黒田勝弘（くろだ・かつひろ）
1941年、大阪市生まれ。産経新聞ソウル駐在客員論説委員、神田外語大学客員教授。京都大学経済学部を卒業後、共同通信社に入社。韓国・延世大学への留学などを経て、共同通信ソウル支局長に。89〜2011年、産経新聞ソウル支局長兼論説委員。1992年、ボーン・上田記念国際記者賞、2005年には菊池寛賞および日本記者クラブ賞を受賞。著書に『韓国　反日感情の正体』『反日vs.反韓　対立激化の深層』（ともに角川新書）、『隣国への足跡　ソウル在住35年　日本人記者が追った日韓歴史事件簿』（KADOKAWA）ほか多数。在韓40年。

韓国語楽習法《かんこくごらくしゆうほう》

私《わたし》のハングル修行《しゆぎよう》40年《ねん》

黒田勝弘《くろだかつひろ》

2022 年 4 月 10 日　初版発行
2024 年 10 月 20 日　再版発行

◆◇◇

発行者　山下直久
発　行　株式会社KADOKAWA
〒102-8177　東京都千代田区富士見 2-13-3
電話　0570-002-301（ナビダイヤル）
装 丁 者　緒方修一（ラーフイン・ワークショップ）
ロゴデザイン　good design company
オビデザイン　Zapp!　白金正之
印 刷 所　株式会社KADOKAWA
製 本 所　株式会社KADOKAWA

角川新書

ISBN978-4-04-082431-4 C0287

KADOKAWAの新書 好評既刊

KADOKAWAの新書 好評既刊

LOH症候群
堀江重郎

加齢に伴ってテストステロンの値が急激に下がることで起きる心身の不調——それは男性更年期障害であり、医学的にLOH症候群と呼ぶ病気である。女性に比べて知られていない男性更年期障害の実際と対策を専門医が解説する！

イップス
魔病を乗り越えたアスリートたち

澤宮 優

突如アスリートを襲い、選手生命を脅かす魔病とされてきた「イップス」。5人のアスリートはそれをどう克服したのか？当事者だけでなく彼らを支えた指導者や医師にも取材をし、原因解明と治療法にまで踏み込んだ、入門書にして決定版！

無印良品の教え
「仕組み」を武器にする経営

松井忠三

38億円の赤字になった年に突然の社長就任。そこから2000ページのマニュアルを整え、組織の風土・仕組みを改革していくなかで見つけた「仕事・経営の本質」とは——。良品計画元トップが語るV字回復の方法と思考。

報道現場
望月衣塑子

コロナ禍で官房長官会見に出席できなくなった著者は、日本学術会議の任命拒否問題など、調査報道に邁進する。その過程で、自身の取材手法を見つめ直していく。「権力者が隠したい事実を明るみに出す」がテーゼの記者が見た、報道の最前線。

宮廷政治
江戸城における細川家の生き残り戦略

山本博文

大名親子の間で交わされた膨大な書状が、熊本藩・細川家に残されていた。そこには、江戸幕府の体制が確立していく過程と、将軍を取り巻く人々の様々な思惑がリアルタイムに記録されていた！　江戸時代初期の動乱と変革を知るための必読書。